W0088356

Ein Jahr voller Engel

Vorlesegeschichten

erzählt von Ingrid Uebe

mit Bildern von Anna Karina Birkenstock

HERDER

FREIBURG · BASEL · WIEN

Inhalt

Die kleinen Engel oben im Himmel sitzen beim Abendbrot. Zuerst gibt es Suppe mit Sternchennudeln, dann feine Pastete mit Pilzen und zum Nachtisch Sahnepudding mit Himbeeren. Dazu Limonade, soviel jeder will. Es ist ein richtiges Festessen und schmeckt den kleinen Engeln sehr gut.

Genau wie unten auf der Erde wird heute im Himmel Silvester gefeiert. In knapp vier Stunden beginnt das neue Jahr. Mit Glockenläuten und Feuerwerk! Das finden die kleinen Engel ziemlich aufregend. Immer wieder werfen sie ungeduldige Blicke auf die goldene Uhr über dem Himmelstor und sehen zu, wie die Zeiger wandern – der große sehr langsam und der kleine ein bisschen schneller.

Als sie das letzte Löffelchen Sahnepudding mit Himbeeren und Schokostreuseln verputzt haben, kommt der Erzengel Gabriel an ihren Tisch.

„Alle mal herhören!", sagt er. „Wir werden heute noch viel Spaß haben. Es ist schließlich schön, wenn etwas Neues beginnt. Aber eins sage ich euch: Das Himmelstor bleibt zu. Um Mitternacht und auch noch eine ganze Stunde danach!"

Da sind die kleinen Engel aber enttäuscht! Draußen vor dem Himmelstor ist um zwölf Uhr bestimmt eine Menge los.

Und natürlich wären sie nur zu gern dabei. Das behalten sie allerdings lieber für sich. Die meisten jedenfalls.

Nur Beppo, der nicht einmal vor Erzengeln Respekt hat, ruft laut über den Tisch: „Und was ist mit dem Feuerwerk? Dürfen wir das etwa nicht angucken?"

Gabriel runzelt die Stirn. Zum Glück schimpft er nicht. „Das Feuerwerk", sagt er, „kann man auch vom Fenster aus angucken. Man muss nicht unbedingt dazwischen herumhüpfen."

„Aber Herumhüpfen macht Spaß!", ruft Beppo. „Pfeif! Zisch! Krach! Bumm! Da fühlt man sich selbst wie eine Rakete."

„Engel sind keine Raketen", sagt Gabriel. „Und was dir da vorschwebt, ist ziemlich gefährlich."

„Wir können doch aufpassen", meint Beppo. „Man sieht die bunten Teile ja schließlich kommen!"

Gabriel schüttelt den Kopf und steht auf. „Das Himmelstor bleibt zu, so wie ich es eben gesagt habe."

„Aber die Fenster machen wir auf!", beharrt Beppo.

„Nur wenn ihr euch gut benehmt", sagt Gabriel. Glaub bloß nicht, dass du durchs Fenster hinausklettern kannst! Und jetzt hältst du erst mal den Schnabel."

Beppo grinst. Ja, jetzt hält er den Schnabel. Doch was der Erzengel Gabriel vom Hinausklettern gesagt hat, wird er sich merken!

Nun dauert es nur noch dreieinhalb Stunden bis Mitternacht. Bis zum Glockenläuten. Und zum Feuerwerk. Die kleinen Engel vertreiben sich die Zeit mit lustigen Spielen. Der Erzengel Michael hat sie wie immer gut vorbereitet. Er passt auf, dass nichts schiefgeht – beim Sackhüpfen, beim Eierlaufen, beim Apfelsinentanz, bei der Schatzsuche und bei der „Reise nach Jerusalem".

Alle sind eifrig bei der Sache. Nur wenn ein Spiel zu Ende ist, werfen sie jedes Mal einen Blick auf die Uhr und rufen sich zu, wie lange es jetzt noch dauert bis Mitternacht. Bis zum Glockenläuten. Und zum Feuerwerk.

„Schade, dass wir dann nicht draußen sein dürfen", flüstert Beppo seinen Freunden zu. Zur Vorsicht hält er sich dabei die Hand vor den Mund, damit ihn der Erzengel Michael nicht

hört. Der will nämlich auch, dass das Himmelstor zu bleibt. Endlich, endlich ist es fünf Minuten vor zwölf. Dann vier, dann drei, dann zwei Minuten – und jetzt nur noch eine! Die kleinen Engel rennen an die Fenster neben dem Himmelstor und schauen hinaus.

„Benehmt euch!", ruft Gabriel, der mit den anderen Erzengeln hinter ihnen steht. „Nicht drängeln und nicht schubsen!"

Die kleinen Engel gehorchen. Da dürfen sie die Fenster weit öffnen.

Dong! Dong! Dong!, läuten die Glocken. Gleichzeitig zischt die erste Rakete von der Erde zum Himmel hinauf. Sie zerplatzt gleich neben dem Mond in lauter rote und grüne Sterne.

„Aaah!", machen die kleinen Engel.

Und jetzt ist es zwölf Uhr. Das alte Jahr ist vorbei! Das neue beginnt! Das Feuerwerk schlägt aus der Dunkelheit krachend und pfeifend die herrlichsten Funken. Bunte Lichtfontänen steigen strahlend nach oben. Goldene und silberne Schauer fallen funkelnd herab.

Alle haben nur Augen für das wunderbare Feuerwerk. Auch die Erzengel geben nicht acht auf das, was vorn am Fenster passiert. Da klettert nämlich ein kleiner Engel auf die Fensterbank und ist mit einem Sprung draußen. Beppo natürlich! Er kann einfach nicht widerstehen.

Schon hüpft er auf einer Wolke herum. Dann flattert er auf die nächste. Die dritte erreicht er im Sturzflug. Um ihn herum pfeifen, zischen und krachen die Feuerwerkskörper.

„Zurück!", ruft der Erzengel Gabriel, der Beppo endlich entdeckt hat. „Auf der Stelle zurück!"

Aber es ist schon zu spät. Eine rote Funken sprühende Kugel hat den kleinen Engel am Flügel erwischt. Er taumelt und fällt. Will sich festhalten und rutscht ab. Versucht zu fliegen und schafft es nicht. Jetzt segelt er mitten durch das Feuerwerk in die Tiefe.

So ein frecher Beppo! So ein armer Beppo! Das geschlossene Himmelstor und die geöffneten Fenster mit den Gesichtern seiner Freunde liegen schon weit hinter ihm. Das Feuerwerk macht ihm gar keinen Spaß mehr. Und was ihn unten auf der Erde erwartet, ist vermutlich auch nicht sehr lustig.

Wieder versucht er zu fliegen. Vergeblich! Der verletzte Flügel tut schrecklich weh. Hoffentlich landet Beppo nicht im Meer! Oder im Wald! Oder auf einem Berg!

Nein, er hat Glück. Er landet mitten in der Stadt. Da, wo die Häuser eng beieinander stehen. Ziemlich oben auf einem Balkon. Unten auf der Straße sind immer noch viele Leute damit beschäftigt, Feuerwerk zu machen. Keiner beachtet den kleinen Engel.

Beppo atmet auf, kriegt aber gleich darauf einen Schreck. Er ist nämlich nicht allein auf dem Balkon. Neben ihm stehen eine Frau und ein kleiner Junge. Sie wollen anscheinend gerade ihre letzte Rakete abschießen.

„Hallo!", sagt der Junge erstaunt. „Wo kommst du denn her?"

„Von oben", antwortet Beppo wahrheitsgemäß. „Mich hat das Feuerwerk da runtergeholt."

„Na so was!", ruft die Frau. „In der Silvesternacht passieren wirklich seltsame Sachen."

Sie fasst Beppo bei den Schultern. Dabei entdeckt sie seinen verletzten Flügel. „Auweia", sagt sie, „tut das nicht weh?"

Beppo nickt. „Doch! Vor allem, wenn ich ihn bewege."

Die Frau nickt auch. „Ich könnte Salbe und ein Pflaster draufmachen."

„Ja, tu das, Mama!" ruft der Junge. „Bei meinem Knie hat's auch geholfen."

Die Frau geht hinein und kommt mit Salbe und Pflaster zurück. Beppo beißt die Zähne zusammen. Die Salbe brennt

ein bisschen. Aber als das Pflaster aufgeklebt ist, lässt sich der Flügel wieder bewegen.

„Und jetzt?", fragt die Frau und fasst den kleinen Engel unter dem Kinn. „Jetzt willst du vermutlich wieder nach oben."

„Das will ich", antwortet Beppo. „So schnell wie möglich! Ich kriege sonst großen Ärger."

„Der Weg ist sicher ziemlich weit", vermutet die Frau. „Und du musst deinen Flügel noch schonen."

Der Junge strahlt und klatscht in die Hände. „Ich habe eine Idee! Wir schießen dich einfach hinauf."

Beppo strahlt auch. Was gibt es doch für nette Menschen! Sie stellen keine unnötigen Fragen. Sie tun einfach das Richtige.

So wird Beppo also mit einer kleinen, schnellen, strahlend bunten Feuerwerksrakete zurück in den Himmel geschossen. Er flitzt nur so am Mond und an den Sternen vorbei. Alles geht gut. Und als er oben ankommt, tut sich das Himmelstor auf. Der Erzengel Gabriel hat ihn nämlich kommen sehen und ist darüber so froh, dass er nicht mit ihm schimpft. Jedenfalls nicht viel. Höchstens ein ganz kleines bisschen.

Februar: Himmlische Schlittenfahrt

Es schneit! Es schneit in dicken Flocken. So, wie den ganzen Winter noch nicht. Die kleinen Engel freuen sich sehr. Sie fliegen und tanzen mit den Schneeflocken um die Wette. Sie haben neben dem Himmelstor einen prächtigen Schneemann gebaut. Sie machen eine Schneeballschlacht nach der anderen.

Nur an Schlittenfahren ist leider nicht zu denken. Im Himmel gibt es nämlich keinen einzigen Schlitten. Petrus sagt, wer Flügel hat, braucht so etwas nicht. Petrus ist manchmal sehr streng. Das findet sogar der Erzengel Gabriel.

Als der Schneemann fertig und wieder eine Schneeballschlacht zu Ende ist, hocken sich die kleinen Engel auf die Wolken, aus denen es unaufhörlich schneit, und gucken durch die Lücken auf die Erde hinab. Da ist alles weiß. Und da gibt es Schlitten! Man sieht jede Menge Kinder, die kleine und große Hügel hinunterrodeln.

„Die Kinder haben es gut", seufzen die kleinen Engel. „Sie können Schlitten fahren, so viel sie wollen."

„Sie können ja auch nicht fliegen!", sagt Petrus, der eben vorbeikommt. „Ihr kennt meine Meinung. Wer Flügel hat, braucht keinen Schlitten." Damit geht er weiter.

Der Erzengel Gabriel sieht nachdenklich hinter ihm her.

Anschließend wirft er einen Blick durch die nächste Wolkenlücke. Obwohl er selbst noch nie auf einem Schlitten gesessen hat, kann er den Spaß der rodelnden Kinder verstehen. Und die kleinen Engel, die nur zugucken dürfen, tun ihm ein bisschen leid.

„Alle mal herhören!", sagt er. „Es ist sicher nicht leicht, Petrus umzustimmen. Aber man könnte es ja mal versuchen."

„Wie denn? Womit denn?" Die kleinen Engel sind plötzlich ganz aufgeregt. „Sag schon! Was sollen wir machen?"

„Einer von euch reicht", erklärt Gabriel. „Petrus schätzt die Arbeit der Schutzengel. Das wisst ihr."

O ja, das wissen die kleinen Engel. Jeder von ihnen ist schon einmal als Schutzengel tätig gewesen. Jeder hat Lust auf einen neuen Einsatz.

Gabriel lässt seinen Blick über die Köpfe wandern. Dann sagt er: „Heute bist du dran, Lilli!"

Dem kleinen Engel Lilli wird es ganz warm ums Herz vor Freude und Stolz. Die anderen sind etwas enttäuscht, aber kein bisschen neidisch. Alle können Lilli gut leiden.

Gabriel hat inzwischen wieder durch eine Wolkenlücke geguckt und anscheinend etwas entdeckt.

„Da unten am großen Hügel ist jemand in Not", sagt er. „Das Mädchen mit der bunten Mütze und dem viel zu langen

Schlitten. Die Kleine hat das Ding überhaupt nicht im Griff."

„Sie braucht mich!", ruft Lilli.

Gabriel lächelt und nickt. „Also ab mit dir! Aber zieh deinen Anorak an! Und vergiss nicht, deine Flügel darunter zu verstecken! Natürlich erst, wenn du festen Boden unter den Füßen hast."

„Ich bin ja nicht dumm!", sagt Lilli. „Und was ist mit Petrus?"

„Keine Sorge", antwortet Gabriel. „Ich sorge dafür, dass er alles mitkriegt."

Lilli macht sich schnell auf den Weg. Durch die Wolken, durch die Luft, durch die wirbelnden Schneeflocken. Sie landet hinter einem Baum und versteckt ihre Flügel sofort unter dem Anorak. Nun sieht sie aus wie ein ganz normales Kind. Wie eins von denen, die sich mit ihren Schlitten oben auf dem Hügel versammelt haben. Lilli geht hin.

„Wo hast du denn deinen Schlitten?", fragt ein langer Junge mit braunen Strubbelhaaren.

„Ich hab' keinen", antwortet Lilli. „Ich dachte, mich nimmt jemand mit."

Der Junge lacht. Es klingt nicht nett. „Fremde Kinder sind hier nicht erwünscht. Mädchen schon gar nicht!"

So ein Blödmann!, denkt Lilli. Sie dreht dem Jungen den

Rücken zu und blickt die steile Bahn hinab. Man muss gut lenken können, wenn man ohne Unfall durch die Kurven kommen will.

Einen Schlitten hat es bereits erwischt. Er ist einfach geradeaus gefahren und steckt nun in einem Schneehaufen. Das kleine Mädchen mit der bunten Mütze, das darauf sitzt, sieht aus wie ein Schneemann. Es hat Schnee im Mund, in den Augen, im Nacken und in den Ärmeln. Langsam steigt es ab und weiß nun nicht, wie es seinen Schlitten befreien soll.

„Warte!", murmelt Lilli. „Alles Gute kommt von oben."

Geschickt schlittert sie auf ihren Füßen die steile Bahn hinunter, flitzt mühelos durch sämtliche Kurven und macht hinter dem stecken gebliebenen Schlitten Halt.

Das Mädchen mit der bunten Mütze macht große Augen.

„Ich helfe dir", sagt Lilli. „Du musst nur ein bisschen mit anfassen."

„Wer bist du?", fragt das Mädchen erstaunt.

„Ich heiße Lilli. Und du?"

„Lara", erwidert das Mädchen. „Lilli und Lara – das passt."

„Finde ich auch", sagt Lilli. „Also los! Packen wir's an!"

Mit vereinten Kräften befreien sie den Schlitten.

„Setz dich drauf!", sagt Lilli. „Ich zieh' dich nach oben."

Lara zögert. „Aber ich bin ziemlich schwer."

Lilli lacht. „Ich werd's schon schaffen!"

Und sie schafft es! Kleine Engel sind sehr stark, wenn es drauf ankommt. Lilli zieht den Schlitten mit Lara mühelos den steilen Hang hinauf. Oben steht jetzt nur noch der lange Junge mit den braunen Strubbelhaaren und schaut ihnen finster entgegen.

„Der hat vorhin meinen Schlitten runtergeschubst", flüstert Lara. „Ich glaube, er kann Mädchen nicht leiden!"

„Der soll uns kennenlernen!", flüstert Lilli zurück.

Nur ein paar Meter liegen noch vor ihnen. Aber der Junge versperrt ihnen den Weg. Seinen Schlitten hat er fest zwischen die Füße geklemmt.

„Ihr könnt gleich wieder runterfahren", knurrt er. „Direkt in den Schneehaufen. Diesmal zu zweit!"

„Von wegen!", sagt Lilli.

Sie streckt ihren Zeigefinger aus und tippt ihm damit gegen die Brust. Da fällt der Junge einfach um. Fällt auf seinen Schlitten und saust den Hügel hinab. Kann weder bremsen

noch lenken. Landet mitten in einem Schneehaufen. Nur mit Mühe kommt er wieder heraus. Als er es endlich geschafft hat, sieht er aus wie ein Schneemann. Wütend zerrt er an seinem Schlitten.

„Jetzt fahren wir zwei runter!", sagt Lilli. „Das heißt, wenn du mich mitnimmst."

Lara ist ganz begeistert. Schon sitzen sie beide auf dem Schlitten und sausen über die glatte Bahn, an dem wütenden Jungen vorbei, elegant durch alle Kurven, bis sie sanft unten ankommen. Das machen sie noch ein paar Mal. Dann muss Lilli nach Hause. Wo ihr Zuhause ist, behält sie für sich.

„Tschüss!", ruft Lara. „Hoffentlich kommst du bald wieder!"

„Irgendwann sicher", antwortet Lilli. Zuerst verschwindet sie im dichten Schneegestöber, danach hinter dem Baum. Bald darauf fliegt sie davon. Niemand bemerkt es.

Oben im Himmel wird sie mit großer Freude begrüßt. Selbst Petrus sieht gar nicht mehr streng aus. „Du bist ein tüchtiger Schutzengel!", sagt er. „Du darfst dir was wünschen."

„Einen Schlitten!", ruft Lilli wie aus der Pistole geschossen. „Für mich und die anderen!"

Da muss sich Petrus also etwas einfallen lassen. Und das tut er auch. Er geht nämlich zu seinem Freund Nikolaus. Der leiht ihm den Schlitten, mit dem er sich jedes Jahr im Dezember auf die Erde begibt.

Die kleinen Engel jubeln. Der Schlitten ist so groß, dass mehrere von ihnen darauf Platz haben. Acht ganz bestimmt. Wenn sie sich dünn machen, sogar neun oder zehn. Die erste Fahrt kann gleich beginnen! Oben auf dem höchsten Wolkenberg ist jetzt allerhand los.

„Lass es weiter schneien, Petrus!", rufen die kleinen Engel. „Genauso schöne, dicke Flocken wie jetzt!"

„Meinetwegen bis morgen", sagt Petrus. „Dann werdet ihr die Sache ja wohl leid sein."

Na, wenn er sich da mal nicht irrt!

März: Winter ade!

Bald ist Frühlingsanfang. Petrus hat das Datum in seinem Kalender rot angestrichen. An diesem Tag wird es nämlich im Himmel wie jedes Jahr ein großes Konzert geben. Dafür üben die kleinen Engel schon jetzt. Auch heute haben sie den ganzen Morgen Chorprobe gehabt und aus voller Kehle gesungen.

Wie immer sehr gern und sehr gut. Der Erzengel Rafael, der den Chor leitet, hat sie mehr als einmal gelobt. Sobald er seinen silbernen Taktstock hebt, strahlt er übers ganze Gesicht. Wenn es nach ihm ginge, würde er noch stundenlang weitermachen. Aber er weiß, dass die kleinen Engel sich mal wieder etwas bewegen wollen.

„Nur noch ein einziges Lied!", sagt er. „Dann habt ihr frei."

„Was denn für ein Lied?", fragen die kleinen Engel. Hoffentlich kennen sie es und müssen es nicht erst lernen!

„Wir haben es letztes Jahr auch schon gesungen", sagt der Erzengel Rafael. „Man singt es immer um diese Jahreszeit. Es heißt: *Winter ade.*"

Ach ja, die kleinen Engel erinnern sich. Es ist ein Lied für den Winter und, obwohl es ein Abschiedslied ist, eigentlich mehr lustig als traurig.

„Klar", sagt der Erzengel Rafael, „wenn der Winter geht und der Frühling kommt, freut man sich doch."

Er hebt seinen silbernen Taktstock und singt die erste Zeile vor. Dann stimmen die andern mit ein.

„Winter ade! Scheiden tut weh.
Aber dein Scheiden macht,
dass mir das Herze lacht.
Winter ade! Scheiden tut weh."

Eigentlich denken die kleinen Engel sehr gern an Schneeballschlacht und Schlittenfahren zurück. Aber ein Picknick auf der grünen Himmelswiese wird ihnen bestimmt auch viel Spaß machen.

Wieder hebt Rafael seinen silbernen Taktstock. Denn nun kommt die letzte Strophe. Wirklich die allerletzte!

„Winter ade! Scheiden tut weh.
Gehst du nicht bald nach Haus,
lacht dich der Kuckuck aus.
Winter ade! Scheiden tut weh."

So, jetzt ist Schluss. Der Erzengel Rafael hat den Taktstock noch nicht aus der Hand gelegt, da springen die kleinen Engel auf. Sie laufen alle durcheinander und rufen: „Kuckuck! Kuckuck!" Es hört sich tatsächlich so an, als ob sie den Winter auslachen.

Zwei von ihnen, die Zwillinge Nina und Nele, verstecken sich hinter Rafaels Rücken und lassen von dort aus eine Reihe besonders lauter Kuckucksrufe hören.

Vor lauter Schreck fällt dem Erzengel der Taktstock aus der Hand. Fällt und verschwindet. Ja, wohin denn bloß? Ist er in eine Ecke gerollt? Oder in eine Ritze gerutscht? Oder am Ende gar auf die Erde gefallen?

Natürlich helfen alle kleinen Engel ihrem Chorleiter sofort beim Suchen. Leider vergeblich. Der Taktstock ist weg. Einfach weg!

Nina und Nele haben ein ganz schlechtes Gewissen. Ihre Kuckucksrufe waren schließlich schuld an der Sache. Der Erzengel Rafael hat zwar nicht mit ihnen geschimpft, aber sein trauriges Gesicht ist Strafe genug. Er vermisst seinen Taktstock. Das sieht man ihm an.

Natürlich müssen die Chorproben weitergehen. Bei der nächsten werden lauter Frühlingslieder gesungen. Zuerst steht *Alle Vögel sind schon da* auf dem Programm. Die kleinen Engel kennen das Lied. Und sie mögen es. Trotzdem klingt es längst nicht so gut, wie es soll. Der Erzengel Rafael ist gar nicht zufrieden.

Weder mit seinem Chor noch mit sich selbst. Er hat wohl oder übel ohne Taktstock, also nur mit der Hand, dirigiert. Daran müssen sich alle erst noch gewöhnen.

Doch das ist gar nicht so einfach. Das schöne Lied *Kuckuck, Kuckuck ruft's aus dem Wald* hört sich ganz schrecklich an. Schon nach der ersten Strophe winkt Rafael ab. Der Text hat ihn bestimmt an die Kuckucksrufe von Nina und Nele erinnert. Und an die Folgen!

„Für heute ist die Probe zu Ende", sagt er. „Die nächste machen wir erst übermorgen."

Die kleinen Engel dürfen also spielen gehen Nicht nur heute, sondern auch noch morgen. Aber sie können sich gar nicht richtig darüber freuen. Nina und Nele schon gar nicht. Den

ganzen Tag hocken sie trübselig in einer Ecke. Und abends schlafen sie lange nicht ein. Es ist fast Mitternacht, als Nina zu Nele unter die Decke kriecht und ihr etwas ins Ohr flüstert.

„Lass uns aufstehen", flüstert sie, „und Rafaels Taktstock suchen!"

„Aber wir haben ihn doch schon gesucht", flüstert Nele zurück. „Überall und sehr gründlich!"

„Er ist bestimmt auf die Erde gefallen", meint Nina. „Da fliegen wir hin. Sofort. Morgen vermisst uns niemand."

Na gut. Nele ist einverstanden. Also fliegen die beiden Engel los. Sie wissen ungefähr, wo der Taktstock liegen müsste. Und sie hoffen sehr, dass ihn sein silberner Schimmer verraten wird. Entweder im Mondlicht oder im Sonnenschein.

Aber da haben sie sich getäuscht. Obwohl sie die Augen offen halten, entdecken sie keinen Silberschimmer und erst recht keinen Taktstock. Sie suchen im Wald und auf der Wiese, im Gebüsch und auf der Straße, im Dorf und in der Stadt. Sie suchen die halbe Nacht, den ganzen Tag und wieder die halbe Nacht. Danach geben sie die Hoffnung auf. Und sie sind so müde, dass sie nur noch in den Himmel zurückwollen. Erschöpft machen sie sich auf den Heimweg. Ihre Flügel bewegen sich nur noch sehr mühsam.

„Was hältst du von einer Pause?", fragt Nina.

„Gute Idee!", meint Nele. „Ich glaube, sonst schaffen wir's nicht."

Zum Glück wandert gerade eine kleine Wolke vorbei. Die sieht sehr einladend aus. Schon sitzen die zwei Engel darauf.

„Aaah!", machen sie alle beide.

Doch Nina macht auch noch: „Au!"

Irgendetwas hat sie nämlich in den Po gepikst. Irgendetwas, mit dem man auf einer Wolke nicht rechnet. Sie fühlt mit der Hand auf ihrem Sitz herum, findet etwas Hartes und zieht es heraus. Zwischen ihren Fingern schimmert es silbern.

„Nun guck dir das an!", sagt Nina.

„Rafaels Taktstock!", sagt Nele.

Na so was! Der Taktstock ist nicht auf die Erde gefallen, wie sie gedacht haben, sondern in der Wolke hängen geblieben. Sieht fast so aus, als hätte er dort auf die beiden Engel gewartet!

„Lass ihn bloß nicht fallen!", sagt Nele.

„Mach dir keine Sorgen!", sagt Nina.

Mit einem Mal sind sie gar nicht mehr müde. Sie wollen so schnell wie möglich nach Hause. Und zum Erzengel Rafael natürlich.

Der sitzt in seinem Zimmer über einem Notenheft und sieht immer noch ziemlich betrübt aus. Aber das ändert sich, als Nina den Taktstock vor ihn hinlegt. Zuerst kann er es gar nicht fassen, und dann strahlt er vor Freude. Er ist den beiden Engeln sehr dankbar.

Die Chorprobe am nächsten Morgen klappt ganz wunderbar. Der Erzengel Rafael dirigiert wieder mit seinem silbernen Taktstock, und die kleinen Engel singen von Anfang an so gut wie noch nie.

„Kuckuck, Kuckuck
ruft's aus dem Wald.
Lasset uns singen,
tanzen und springen!
Frühling, Frühling
wird es nun bald!"

April: Osterhase gesucht

Die kleinen Engel oben im Himmel wissen, dass die Kinder auf der Erde an den Osterhasen glauben. Ob es ihn wirklich gibt? Eines steht fest: Er bringt den Kindern zu Ostern viele bunte Eier. Manchmal auch solche aus Schokolade. Schön verpackt und lecker gefüllt. Mehr wissen die kleinen Engel allerdings nicht. Und bunte oder süße Eier haben sie selbst leider noch nicht ein einziges Mal bekommen. Der Osterhase kann ja nicht fliegen und war deswegen auch noch nie oben im Himmel.

Kurz vor Ostern hocken sechs kleine Engel in einer Ecke und überlegen, wie der nette Hase wohl aussehen mag.

„Ich glaube, er ist so groß wie ein Bär", sagt Beppo, „und unglaublich stark."

„Er hat ein schwarzes Fell und einen schneeweißen Ringelschwanz", sagt Mimi.

„Seine Ohren hängen ihm bis auf die Schultern, und seine großen Augen leuchten wie die von einem Tiger", sagt Mats.

„Und wie transportiert er die Eier?", fragt Jule.

„In einer Schubkarre", vermutet Nico.

„Im Rucksack", meint Ali.

„Ach was!", ruft Joschka. „Er hat zwei Körbe! Einen für die bunten Eier und einen für die süßen!"

Ja, kann schon sein!

„Man müsste sich da unten mal auf die Lauer legen", sagt Nico. „In der Nacht von Samstag auf Sonntag. Dann kommt dieser Hase nämlich und verteilt die Eier."

Das ist eine gute Idee! Fragt sich nur, wie man sie am besten in die Tat umsetzt. Sollen sie sich alle zusammen auf den Weg machen? Wo sollen sie sich auf die Lauer legen? Sollen sie es heimlich tun oder lieber um Erlaubnis fragen?

Die sechs stecken tuschelnd die Köpfe zusammen. Als der Erzengel Gabriel vorbeikommt, ahnt er gleich, dass da eine wichtige Beratung im Gange ist.

„Was ist denn hier los?", fragt er. „Sollte ich es vielleicht wissen?"

„Es geht um den Osterhasen", erklärt Mats. „Wir möchten ihn schrecklich gerne mal sehen."

„Verstehe!", nickt der Erzengel. „Die Kinder unten auf der Erde möchten das auch. Aber noch keinem ist es gelungen."

„Wir könnten uns irgendwo auf die Lauer legen", sagt Jule.

„Wir brauchen ja nicht so viel Schlaf."

„Verstehe!", nickt Gabriel wieder. „Meinetwegen können zwei von euch in der Nacht zum Sonntag auf die Erde fliegen."

„Nur zwei?", rufen die kleinen Engel. „Warum nicht alle?"

Der Erzengel Gabriel lacht. „Weil die Menschen dann vielleicht glauben, dass Weihnachten ist!"

Nur Jule und Nico dürfen fliegen. Wenn es denen tatsächlich gelingt, den Osterhasen zu treffen, werden sie ihn den anderen genau beschreiben. Und damit basta.

Jule und Nico können den Abend vor Ostersonntag kaum noch abwarten. In der ersten Dämmerung fliegen sie los. Die anderen winken ihnen nach. „Auf Wiedersehen!", rufen sie. Und: „Guten Flug!" Und: „Viel Erfolg!"

Bei hellem Mondschein landen die beiden Engel am Waldrand. Vor ihnen liegen Wiesen und Felder. In der Ferne blinken die Lichter der Stadt. Einen besseren Platz kann man sich wirklich nicht wünschen. Bestimmt wohnt der Osterhase im Wald. Irgendwann wird er herauskommen und sich über Wiesen und Felder in die Stadt begeben.

„Bis er kommt, spielen wir was", schlägt Nico vor.

„Was denn?", fragt Jule.

„Was mit Kieselsteinen", sagt Nico. „Da vorn am Bach liegen eine ganze Menge."

Jule nickt. „Also dann spielen wir Hänsel und Gretel!"

Sie laufen zum Bach und bücken sich nach den im Mondlicht schimmernden Steinen. Ab und zu blicken sie zum Waldrand hinüber.

Und da sehen sie ihn! Den Hasen! Den Osterhasen!

Er ist viel kleiner, als sie gedacht haben. Aber er hoppelt, wie nur Hasen hoppeln. Seine langen Ohren flattern hinter ihm her. Schon rennt er über die Wiese. Auf das Feld zu. Richtung Stadt.

Die beiden Engel rennen ihm nach. Und dann fliegen sie. Der Hase ist so schnell, dass sie ihn sonst nicht einholen würden. Anscheinend hat er bemerkt, dass er verfolgt wird. Er schlägt nämlich einen Haken und läuft zurück in den Wald. Mit ausgebreiteten Armen versperren ihm Jule und Nico den Weg.

„Halt!", ruft Jule. „Wir wollen dich mal aus der Nähe angucken."

„Und ein bisschen mit dir reden", ergänzt Nico.

Der Hase gibt keine Antwort. Er duckt sich unter einen stachligen Busch.

„Wo hast du denn deine Eier?", erkundigt sich Jule.

„Ich dachte, du transportierst sie in einer Schubkarre", sagt Nico. „Und jetzt hast du nicht mal einen Rucksack?"

„Eier?", fragt der Hase. „Schubkarre? Rucksack? Ich glaube, ihr spinnt!"

„Nein, wir wissen Bescheid!",
widerspricht Nico empört.
„Du bringst den Kindern die
Eier. Die bunten und die süßen."
„Du bist der Osterhase!", stellt
Jule fest.

Der Hase unter dem stachligen Busch schüttelt den Kopf,
dass seine Ohren fliegen. „Quatsch!", sagt er. „Ich bin ein
gewöhnlicher Feldhase! Ich denke nicht im Traum daran,
irgendwelchen Kindern irgendwelche Eier zu bringen."

Jule und Nico gucken sich an. Einerseits sind sie enttäuscht,
andererseits erleichtert. Dieser Feldhase ist ein recht mickriges
Tier. Der Osterhase sieht sicher viel stattlicher aus.

„Mach, dass du weiterkommst!", sagt Nico.

Der Feldhase hoppelt davon. Aber er dreht sich noch einmal
um und ruft: „Ich glaube, ich habe den Kerl, den ihr sucht,
vorhin auf der Wiese gesehen! Er hatte noch längere Ohren
als ich und zog einen Korb auf vier Rädern. Vermutlich ist er
schon in der Stadt."

So schnell sind Nico und Jule lange nicht mehr geflogen. Sie
brauchen nur fünf Minuten bis zur Stadt. Die Kirchturmuhr
schlägt gerade elf. Hinter den Fenstern geht ein Licht nach
dem anderen aus. Die Straßen sind leer, und der Osterhase ist
weit und breit nicht zu sehen.

Die beiden Engel gucken sich überall um, auch in Gärten und Hinterhöfen, auf Treppenstufen, vor Haustüren und in allen möglichen Ecken. Und wirklich finden sie, was sie gesucht haben. Na ja, nicht so ganz. Den Osterhasen finden sie leider nicht. Aber immerhin das, was er verteilt hat – die Eier nämlich, die bunten und die süßen. Mhm, lecker!

„Jetzt wissen wir immer noch nicht, wie der Osterhase aussieht", stellt Nico fest. „Die anderen werden enttäuscht sein."

„Nicht, wenn wir ihnen etwas mitbringen!", sagt Jule. „Ein Ei für jeden – ich denke, das müsste erlaubt sein."

„Na, ich weiß nicht ..." Nico kratzt sich den Kopf. „Gehören die Eier denn nicht den Kindern?"

„Erst wenn sie sie gefunden haben", meint Jule. „Und so weit ist es noch nicht."

Nico lässt sich gern überreden und findet im nächsten Garten zum Glück einen Wäschekorb mit zwei Henkeln. Da hinein kommen die Ostereier. Die bunten und die süßen. Genauso viele, wie Engel im Himmel sind. Keins mehr und keins weniger. Zufrieden machen sich Jule und Nico mit dem vollen Korb auf den Heimweg.

Die Freude im Himmel ist groß. Nur der Erzengel Gabriel wiegt bedenklich den Kopf. Er findet es nicht ganz in Ordnung, dass Jule und Nico die Ostereier stibitzt haben. Und den Wäschekorb obendrein. Engel stibitzen nicht.

Das ist doch wohl klar!

„Den Korb bringen wir morgen Nacht wieder zurück“, verspricht Jule. „Und die Kinder, denen Ostern ein Ei fehlt, kriegen zu Weihnachten eben eine Süßigkeit mehr.“

Aber weiß Jule denn, welchen Kindern ein Ei fehlt? Na klar! Engel wissen so was. Und sie werden es bis Weihnachten auch ganz bestimmt nicht vergessen!

Mai: Klingende Maiglöckchen

„Der Mai ist gekommen", singen die kleinen Engel oben im Himmel. Das ist wirklich ein sehr schönes Lied. Und obendrein stimmt es! Denn der Mai ist wirklich gekommen. Die Sonne scheint. Die Luft ist warm. Und im Himmelsgarten grünt und blüht es, dass man immerzu hinschauen möchte.

Mehr als hinschauen darf man allerdings nicht. Es ist streng verboten, den Weg zu verlassen. Oder einen Fuß auf die Beete zu setzen. Oder ein Blatt zu berühren. Oder gar eine Blume zu pflücken. Der Erzengel Michael, der für den Garten zuständig ist, passt auf wie ein Luchs.

Manchmal haben die kleinen Engel große Sehnsucht nach einer Wiese, auf der sie herumtoben, und nach Bäumen, hinter denen sie Verstecken spielen können. Sie würden am liebsten alle möglichen Blumen pflücken und dann dicke Sträuße nach Hause tragen.

Das Lied vom Mai macht diese Sehnsucht mit jedem Tag größer. Vielleicht mögen es die kleinen Engel gerade deshalb so gern. Aus vollem Herzen und aus voller Kehle singen sie es wieder und wieder.

„Der Mai ist gekommen,
die Bäume schlagen aus.
Da bleibe, wer Lust hat,
mit Sorgen zu Haus.
Wie die Wolken dort wandern
am himmlischen Zelt,
so steht auch der Sinn mir
in die weite, weite Welt."

Ach ja, wenn die kleinen Engel das singen – und auch noch, wenn sie damit fertig sind! –, wünschen sie sich hinaus in die weite, weite Welt. Der Mai ist ganz sicher der beste Monat, um einen schönen, langen Ausflug auf die Erde zu machen.

„Meinetwegen könnt ihr gleich aufbrechen", sagt der Erzengel Michael. „Und getrost eine Weile wegbleiben! Dann muss ich mir wenigstens keine Sorgen um meinen Garten machen."

Das hören die kleinen Engel sehr gern. Früh am nächsten Morgen nehmen sie Michael beim Wort. Und dann fliegen sie los. Alle zusammen. In einer langen Reihe. Keiner bleibt im Himmel zurück.

Der Erzengel Michael steht am Tor und sieht sie in der Tiefe verschwinden. „Bringt mir ein paar Maiglöckchen mit!", ruft er ihnen nach. „In meinem Garten gibt es keine. Da ist es zu sonnig. Maiglöckchen brauchen Schatten."

Warum hat sich Michael das denn erst jetzt überlegt? Die kleinen Engel sind leider schon ziemlich weit weg. Nur noch der allerletzte hat seine Worte gehört und verstanden. Dieser allerletzte Engel heißt Sascha. Er weiß zwar nicht genau, wie Maiglöckchen aussehen. Doch er nimmt sich vor, die Augen offen zu halten.

Unten auf der Erde ist es genauso herrlich, wie es sich die kleinen Engel vorgestellt haben. Alle Bäume treiben frische, grüne Blätter. Die Obstbäume stehen in schönster Blüte. Im Gras wachsen Gänseblümchen und Vergissmeinnicht, Schlüsselblumen und Veilchen, Butterblumen und Wiesenschaumkraut.

Die kleinen Engel laufen und springen, flattern und fliegen überall herum. Sie schlagen einen Purzelbaum nach dem anderen, tauchen ihre Füße in den gluckernden Bach, rollen einen kleinen Hügel hinunter, spielen Fangen, Verstecken und alles, was ihnen sonst noch einfällt.

Es gibt keine Wege und keine Beete – es gibt nur eine wunderbar große Wiese. Was man sieht, darf man anfassen. Und Blumen pflücken darf man natürlich auch. Es dauert

nicht lange, da haben fast alle Engel ein paar in der Hand. Die wollen sie später mit nach Hause nehmen. Als Überraschung für den Erzengel Michael, der ihnen den Ausflug erlaubt hat! Einstweilen binden sie die Stiele mit einem Grashalm zusammen und legen den dicken Strauß in den Bach, damit er sich bis zum Abend schön frisch hält.

Nur Sascha läuft an allen Blumen vorbei und pflückt nicht eine einzige ab. Aus Gänseblümchen, Vergissmeinnicht und allem, was sonst noch auf der Wiese wächst, kann man zwar schöne Sträuße machen, aber der Erzengel Michael hat sich ja nun mal Maiglöckchen gewünscht.

Sascha überlegt, ob er den anderen davon erzählen soll. Doch er weiß ja selbst nicht genau, wie Maiglöckchen aussehen. Er weiß nur, dass sie Schatten brauchen. Hinter der Wiese beginnt der Wald. Da gibt es Schatten. Da muss er hin!

Seine Freunde beachten ihn nicht. Alle sind jetzt damit beschäftigt, auf die blühenden Bäume zu klettern. Natürlich könnten sie auch fliegen. Aber das wollen sie nicht. Klettern macht ihnen mehr Spaß!

Sascha hätte schon auch Lust auf so eine Kletterpartie. Doch er muss ja etwas erledigen! Er muss für den Erzengel Michael Maiglöckchen pflücken! Unbemerkt verlässt er die

Wiese. Schnell erreicht er den Wald. Das Sonnenlicht bleibt zurück. Unter dem Blätterdach ist es schattig und kühl.

Sascha blickt sich um, dreht sich im Kreis, hockt sich auf den Boden und kriecht ins Gebüsch. Wo sind die Maiglöckchen? Er sieht welkes Laub, ein bisschen Moos und sprießendes Farnkraut – aber absolut nichts, das den Namen Maiglöckchen verdient.

Soll er lieber umkehren? Auf die sonnige Wiese zurücklaufen und gucken, was die anderen machen? Soll er jetzt auch einen bunten Blumenstrauß pflücken?

Nein, so schnell gibt Sascha nicht auf! Er wandert weiter, immer tiefer in den Wald hinein. Aufmerksam schaut er nach links und nach rechts. Er sieht nicht, dass die Sonne in den Mittag steigt, und auch nicht, dass sie dem Abend entgegensinkt.

Als es dämmert, bleibt er endlich stehen. Er sucht mit den Augen den Weg, den er gekommen ist. Aber er findet ihn nicht. Er hat sich anscheinend verlaufen! Der kleine Engel bekommt einen Schreck. Gleichzeitig merkt er, wie müde er ist. Er setzt sich auf einen Baumstumpf.

Doch als ihm die Augen gerade zufallen wollen, reißt er sie wieder auf. Zu seinen Füßen hat er etwas entdeckt: einen

Teppich großer, grüner Blätter, aus denen zarte Stängel voll weißer Blüten herauswachsen. Die sehen aus wie winzige Glöckchen.

Maiglöckchen!, denkt Sascha. Das sind sie! Endlich habe ich sie gefunden!

Angst und Müdigkeit sind vergessen. Im letzten Tageslicht pflückt der kleine Engel so viele Maiglöckchen, wie er fassen kann – einen dicken, grünweißen Strauß.

Und nun? Ja, nun ist es Nacht! Sascha weiß, dass die anderen Engel längst wieder im Himmel sind und dass auch er so schnell wie möglich dahin zurückmuss. Es ist ganz egal, dass er sich verlaufen hat, dass er ganz allein mitten im Wald steht. Er kann ja fliegen!

Sascha breitet also die Flügel aus und steigt nach oben – durch das Blätterdach, über die Bäume, höher und höher, dem Mond und den Sternen entgegen.

Schon steht er am Himmelstor. Doch oh weh – das ist zu! Der kleine Engel pocht mit der Faust dagegen. Er ruft, so laut er kann: „Aufmachen! Aufmachen!"

Aber nichts rührt sich. Keiner kommt. Keiner hört ihn. Keiner ahnt, dass er draußen steht und hineinwill. Nach einer Weile hört der kleine Engel auf zu pochen und zu rufen – und weint. Er weint auf die Maiglöckchen. Erschrocken versucht er, die Tränen herunterzuschütteln.

Und, oh Wunder!, da beginnen die Glöckchen zu läuten. Klar und rein, hell und süß, lauter und lauter erfüllt ihr Läuten die Luft. Es dringt überall hin, am Ende wohl auch durch das Himmelstor. Denn das geht mit einem Mal auf!

„Das hört sich ja richtig gut an", sagt Petrus. „Komm rein, du Schlingel! Wo bist du denn so lange gewesen?"

„Maiglöckchen pflücken", antwortet Sascha, „für den Erzengel Michael! Und das war gar nicht so leicht."

Da kann Petrus nicht schimpfen. Er brummelt höchstens ein bisschen. Sascha schlüpft an ihm vorbei und läuft schnell zum Erzengel Michael. Der steckt seine Nase tief in den duftenden Strauß. Man sieht, dass er sich freut. Und natürlich freut Sascha sich mit.

Juni: Verlockende Erdbeerzeit

Die kleinen Engel wollen oben im Himmel ein Sommerfest feiern. Das soll am Nachmittag mit Kuchenessen und Kakaotrinken beginnen und erst spät in der Nacht mit Würstchen und Kartoffelsalat enden.

Natürlich muss man vor so einem Fest eine Menge überlegen und nachdenken, besprechen und planen, besorgen und vorbereiten. Alle wissen das, und alle machen mit.

In einem Punkt sind sich die kleinen Engel von Anfang an einig: nämlich was den Kuchen angeht. Es soll unbedingt Erdbeertörtchen geben – kleine, runde, mürbe Törtchen mit dicken, süßen, saftigen Erdbeeren obendrauf. Wenn man lange keine mehr gegessen hat, läuft einem schon beim Gedanken daran das Wasser im Mund zusammen.

Selbstverständlich wollen die kleinen Engel die Törtchen selbst backen. Am Tag vor dem Sommerfest ist in der Himmelsbäckerei genauso viel zu tun wie vor Weihnachten. Der Erzengel Gabriel hat einen großen Korb frische Erdbeeren besorgt und jede Menge Mehl, Zucker, Butter und Eier bereitgestellt.

Zuerst wird der Teig geknetet. Dann werden die Törtchen geformt und auf ein Backblech gelegt. Für jeden mindestens drei! Gabriel schiebt

das erste Blech in den Herd. Und nun muss man warten.

In dieser Zeit waschen die kleinen Engel schon mal die Erdbeeren. Sie nehmen die roten Früchte vorsichtig aus dem großen Korb, lassen Wasser darüberlaufen und verteilen sie nach dem Abtropfen auf die bereitstehenden Schüsseln.

„Das macht ihr sehr gut!", lobt der Erzengel Gabriel. „Ich lasse euch jetzt eine Weile allein und kümmere mich um den Kartoffelsalat. Sagt mir Bescheid, wenn die Törtchen goldbraun sind!"

Die kleinen Engel nicken und waschen weiter die Erdbeeren: nehmen sie aus dem Korb, lassen Wasser darüberlaufen und verteilen sie nach dem Abtropfen auf die bereitstehenden Schüsseln. Und zwischendurch naschen sie auch mal eine. Oder zwei. Oder noch mehr. Wenn man lange keine Erdbeeren gegessen hat, kann man einfach nicht widerstehen.

Irgendwann ist der große Korb leer. Aber die Schüsseln sind längst nicht so voll, wie sie sein sollten. Im Gegen-

teil! Die Erdbeeren, die schon drinliegen, werden merk-würdigerweise immer weniger. Irgendwann ist auch die letzte verschwunden.

Und was jetzt?

Die kleinen Engel sehen sich ratlos an. Sie wissen gar nicht, wie sie Gabriel unter die Augen treten sollen. Mit vereinten Kräften holen sie die ersten goldbraunen Törtchen ganz allein aus dem Herd. Nach dem Abkühlen müsste man sie eigentlich mit Erdbeeren belegen. Doch es sind keine mehr da!

„Wir besorgen eben neue!", sagt Kalle. „Das kann doch gar nicht so schwer sein. Im Juni ist Erdbeerzeit. Bei den Menschen ist die Ernte in vollem Gange."

„Aber es muss schnell gehen!", ruft Mimi. „Gabriel darf nichts merken!"

„Wenn wir zusammenhalten, wird es schon klappen", sagt Kalle. „Ihr backt hier oben die Törtchen fertig, und ich fliege los. Wenn ich euch brauche, pfeife ich auf zwei Fingern." Ehe die anderen antworten können, ist er schon weg.

„Wenn das bloß nicht schiefgeht!", sagt Mimi. Aber sie fasst doch mit an, als nun das nächste Blech in den Herd muss. Ohne Gabriel selbstverständlich!

Die Törtchen sind noch längst nicht goldbraun, da hat Kalle die Erde erreicht. Ob er nur Glück hat oder vielleicht auch das richtige Näschen, weiß er selbst nicht genau. Es ist ihm, ehrlich

gesagt, auch egal. Jedenfalls landet er auf einem Bauernhof zwischen lauter Erdbeerfeldern. Die reifen Früchte leuchten ihm verlockend entgegen.

Der Bauer, dem der Hof und die Felder gehören, müsste eigentlich ein glücklicher Mann sein. Doch er weiß leider nicht, wie er die vielen Erdbeeren ernten soll. Seine Leute sind ihm davongelaufen, weil er sie schlecht behandelt hat. Nun steht er mit ein paar leeren Körben ganz allein vor dem Tor. Am Torpfosten lehnt eine große Tafel. Auf die hat er mit Kreide geschrieben: „Erdbeerpflücker gesucht!" Aber bis jetzt hat sich keiner gemeldet.

Kalle begreift sofort, um was es da geht. Er baut sich vor dem Mann auf und erklärt: „Ich könnte die Erdbeeren pflücken."

Der Bauer staunt nicht schlecht über den kleinen Kerl mit den Flügeln. Aber ein kleiner Erdbeerpflücker ist schließlich besser als gar keiner. Und über die Flügel sieht er einfach hinweg.

„Von mir aus kannst du gleich anfangen", sagt er mürrisch.

„In zwei Stunden musst du vier Körbe gefüllt haben."

„Und was kriege ich dafür?", fragt Kalle.

„Nicht viel", antwortet der Bauer. „Mein Geldbeutel ist ziemlich leer."

„Ich will gar kein Geld", sagt Kalle. „Ich will lieber Erdbeeren!"

Das hört der Bauer sehr gern. „In Ordnung", sagt er, „du kannst einen neuen Korb nehmen und zehn Minuten lang pflücken. Was dann drinliegt, gehört dir."

„Abgemacht." Kalle streckt ihm die Hand hin. „Guck nur genau auf die Uhr!"

Der Bauer schlägt ein. „In zwei Stunden bin ich wieder da. Dann müssen vier Körbe voll sein."

„Klar, die für dich", sagt Kalle. „Meiner kommt erst danach."

Sobald der Bauer im Haus verschwunden ist, nimmt er den ersten Korb und beginnt zu pflücken. Eifrig und schnell. Er schaut nicht ein einziges Mal auf. Und wirklich – nach zwei Stunden sind die vier Körbe voll bis zum Rand. Der Bauer ist sehr zufrieden.

„Dann pflück dir jetzt deinen Lohn!", sagt er. „In zehn Minuten schaue ich, was du geschafft hast."

Er schleppt die vier Körbe ins Haus und freut sich über das gute Geschäft. Dieser kleine Kerl mit den Flügeln ist zweifellos tüchtig. Aber auch der tüchtigste Pflücker wird in zehn Minuten nicht allzu viele Erdbeeren pflücken können.

Kalle grinst hinter ihm her. Dann nimmt er den Korb und läuft auf das Erdbeerfeld, das die beste Ernte verspricht. In

der Mitte macht er halt und pfeift, so laut er kann, auf zwei Fingern. Noch mal. Und noch mal.

Es dauert nicht lange, da kommen seine Freunde im Sturzflug vom Himmel. Sie machen sich sofort an die Arbeit. Eifrig und schnell. Alle schauen nicht ein einziges Mal auf.

Viele kleine Engel können tatsächlich in kürzester Zeit viele große Erdbeeren pflücken! Nach zehn Minuten ist der Korb voll bis zum Rand.

„Jetzt versteckt euch!", ruft Kalle.

Denn da kommt der Bauer. Kommt durch das Tor übers Erdbeerfeld direkt auf ihn zu. Sieht den randvollen Korb und schüttelt ungläubig den Kopf.

„Das kann doch nicht wahr sein!", knurrt er. „Das geht nicht mit rechten Dingen zu! Dir muss der Teufel geholfen haben."

Kalle lacht. „Willst du sehen, wer mir geholfen hat?" Wieder pfeift er laut auf zwei Fingern, und seine Freunde flattern von allen Seiten aus ihren Verstecken.

Der Bauer reibt sich die Augen und stöhnt: „So viele Teufel! So viele kleine Teufel mit Flügeln! Dann bist du selbst auch einer!"

„Ach was, wir sind Engel!", sagt Kalle. „Und wir haben uns diesen Korb voller Erdbeeren redlich verdient."

„Ja, wir sind Engel!", jubeln sie alle. „Wir wollen ein Sommerfest feiern und Erdbeertörtchen essen!"

Sie nehmen den Korb und tragen ihn fix in den Himmel. Auf schnellstem Weg in die Küche. Sie waschen die Erdbeeren und verteilen sie nach dem Abtropfen auf die bereitstehenden Schüsseln. Und diesmal naschen sie nicht.

Als der Erzengel Gabriel kommt, ist er sehr zufrieden mit ihnen.

„Das habt ihr sehr gut gemacht", sagt er. „Ihr habt wirklich ein Lob verdient."

Die kleinen Engel senken ein bisschen beschämt die Köpfe. Nur Kalle ruft: „Ja, das finde ich auch!"

Juli: Geheimnis am Meer

Im Sommer haben die kleinen Engel große Lust, Ferien zu machen. Sie möchten sehr gern verreisen – am liebsten ans Meer. Alle können nämlich gut schwimmen, obwohl sie es gar nicht gelernt haben.

„Am Meer ist es nie langweilig", sagt Andi. „Da gibt es den feinsten Sand und die schönsten Muscheln. Da kann man hohe Burgen bauen und tiefe Löcher graben. Außerdem kann man eine flache Kuhle mit Wasser füllen und sich hineinlegen wie in eine Badewanne."

„Im Meer gibt es ganz tolle Fische", sagt Mia. „Die kleinen kommen bis dicht ans Ufer. Aber die großen bleiben da, wo das Wasser tief ist. Sie haben die herrlichsten Farben und die merkwürdigsten Gesichter."

Woher Andi und Mia das wissen? Tja, kleine Engel sind eben sehr schlau. Sie waren noch nie am Meer, aber sie haben große Sehnsucht danach. Eines Tages gehen sie zum Erzengel Gabriel und erzählen ihm von ihrem Wunsch.

„Ihr wollt tatsächlich verreisen?", fragt Gabriel. „Ans Meer? Warum das denn?"

„Wir möchten mal was anderes sehen!", rufen die kleinen Engel. „Wir müssen mal ausspannen! Wir wollen von morgens bis abends nur Spaß haben!"

„Na ja, meinetwegen", sagt Gabriel. „Aber ihr verreist nicht alle auf einmal. Ihr fliegt in Gruppen. Nie mehr als sechs. Und diese sechs dürfen höchstens drei Tage wegbleiben."

Also eigentlich würden die kleinen Engel lieber alle zusammen verreisen. Etwas länger auch. Aber keiner von ihnen muckt auf. Der Erzengel Gabriel mag keinen Widerspruch.

Jetzt sucht er die ersten sechs aus: Andi, Jojo, Mia, Beppo, Lilli und Mats dürfen morgen früh für drei Tage ans Meer. Die anderen müssen noch warten. Zum Glück sind kleine Engel von Natur aus geduldig. Und der Sommer ist schließlich noch lang. Da kommen sie alle mal an die Reihe.

Am nächsten Morgen beginnen für Andi, Jojo, Mia, Beppo, Lilli und Mats die Ferien. Gleich als die Sonne aufgeht, machen sie sich auf die Reise. Die Luft ist golden, die Erde bunt und das Meer so blau wie der Himmel.

Alle sechs landen in einer von Felsen umgebenen Bucht. Kleine Wellen plätschern flach und freundlich ans Ufer. Man muss sofort mal die Füße eintauchen. Iiih, ein bisschen kalt ist es schon! Aber nur im ersten Moment. Im nächsten ist es sehr angenehm und nach der Reise wirklich erfrischend.

Die kleinen Engel haben nicht nur einen Picknickkorb, sondern auch Badesachen mitgenommen. Die ziehen sie jetzt an. Ihre Flügel können sie leider weder abnehmen noch verstecken. Sie können sie jedoch unsichtbar machen. Und das tun sie jetzt. Wird auch Zeit!

Schon klettern nämlich die ersten Menschen über die Felsentreppe in die Bucht hinunter. Unten breiten sie ihre Sachen aus, stellen Sonnenschirme auf und tauchen die Füße ins Meer. Iiih, ein bisschen kalt finden sie es auch! Über die sechs kleinen Engel wundert sich niemand. Jeder hält sie für normale Kinder.

Natürlich möchte man Kinder, die man zum ersten Mal sieht, näher kennenlernen. Besonders wenn sie so nett aussehen wie Andi, Jojo, Mia, Beppo, Lilli und Mats. Es dauert nicht lange, da sind die sechs Engel von lauter Jungen und Mädchen umringt, die allerhand wissen wollen – wie sie heißen, wo ihre Eltern sind, womit sie am liebsten spielen, ob sie auch gleich ins Wasser gehen und ob sie die Höhle zwischen den Felsen schon kennen.

Die kleinen Engel beantworten nicht alle Fragen. Manchmal heben sie nur stumm die Schultern. Aber mit ins Wasser

kommen sie gern. Und die Höhle zwischen den Felsen möchten sie unbedingt kennenlernen.

„Ihr habt ja gar keine Spielsachen!", stellt ein Mädchen fest, als sie später alle zusammen im Sand sitzen. „Wenn ihr wollt, könnt ihr meine nehmen – die Schaufel, den Eimer, die Gießkanne und sämtliche Förmchen."

Das Mädchen hat braune Locken, grüne Augen und einen roten Badeanzug. Es heißt Franziska und ist wirklich sehr nett. Eigentlich ist Franziska das netteste von allen Kindern! Die kleinen Engel weichen keinen Augenblick von ihrer Seite. Mittags, als Franziska mit ihren Eltern zum Essen ins Hotel gehen soll, sind sie ganz traurig.

„Kannst du nicht hier bleiben?", fragt Jojo. „Wir haben himmlisch gute Sachen in unserem Picknickkorb und geben dir gern etwas ab."

Ein Glück! Franziskas Eltern haben nichts gegen das Picknick einzuwenden. Sie gehen allein ins Hotel.

„Lasst es euch schmecken!", sagen sie. „Und geht nach dem Essen nicht gleich wieder ins Wasser!"

Schon sind sie weg. Genau wie die anderen Leute. Also kann das Picknick beginnen. Der Erzengel Michael hat wirklich leckere Dinge in den Korb gepackt: Fleischbällchen und Kartoffelsalat, Mandelkekse und Schokoladenkuchen, Eistee und Traubensaft.

„Das war tatsächlich ein himmlisches Essen!", sagt Franziska, als sie alles verputzt haben. „Und was machen wir jetzt?"

„Wir klettern die Felsen hinauf", meint Beppo. „Von oben hat man bestimmt eine tolle Aussicht."

Allen gefällt dieser Vorschlag. Und so machen sie sich auf den Weg. Die Klippe ist fast so hoch wie ein Kirchturm. Entsprechend toll ist die Aussicht. Man sieht nur Himmel und Meer.

Franziska ist ganz entzückt. „Die Möwen fliegen jetzt ein ganzes Stück unter uns!", ruft sie. „Zum ersten Mal bin ich höher als sie!"

Für die kleinen Engel ist es nichts Besonderes, höher zu sein als die Möwen. Aber das behalten sie lieber für sich.

„Fliegen muss wunderbar sein", meint Franziska. „Manchmal wäre ich gern ein Vogel."

Sie tritt an den Klippenrand und breitet die Arme aus. Fünf kleine Engel sehen ihr wohlwollend zu. Nur der sechste kriegt einen Schreck.

„Pass auf!", ruft Jojo. „Du kannst nicht fliegen. Du bist kein Vogel. Und ein Engel bist du erst recht nicht."

Franziska lacht. „Mein Papa sagt, manchmal bin ich ein richtiger Teufel." Sie kneift beim Lachen die Augen zu und macht einen winzigen Schritt. Oh weh, da kippt sie nach vorn. Fällt über den Klippenrand. Stürzt wie ein Stein in die Tiefe.

Starr vor Schreck schauen die sechs Engel ihr nach. Doch nur einen Herzschlag lang. Dann sind sie mit einem Sprung über den Rand und schießen im Sturzflug nach unten.

Jojo erreicht Franziska zuerst. Er streckt die Hände aus und fängt sie dicht überm Meer sicher auf. Kleine Engel haben viel Kraft, wenn es sein muss! Schon sind auch die anderen da. Alle fassen mit an. Mühelos tragen sie ihre Last in die Bucht und legen sie dort sanft in den Sand.

Franziska weiß gar nicht, wie ihr geschieht. Aber sie ist sehr froh. So froh, dass sie ganz vergisst, irgendwelche Fragen zu stellen.

„Ihr könnt ja fliegen!", sagt sie nur. „Und dabei habt ihr überhaupt keine Flügel."

Die sechs kleinen Engel tauschen fragende Blicke. Vielleicht ist es doch besser, wenn sie mit der Wahrheit herausrücken.

„Sie sollte wissen, was mit uns los ist!", meint Mats. „Sonst kommt sie noch auf dumme Gedanken."

„Aber zuerst muss sie uns etwas versprechen", sagt Jojo. Dann wendet er sich an Franziska. „Du weißt, wir sind deine Freunde."

Franziska lacht. „Ja, das weiß ich."

Jojo nimmt ihre Hand. „Wenn wir dir ein Geheimnis verraten
– kannst du das wohl für dich behalten?"

„Ja, das kann ich bestimmt."

Da lassen Andi, Jojo, Mia, Beppo, Lilli und Mats alle gleichzeitig ihre Flügel aufblitzen. Nicht länger als eine Sekunde. Aber das reicht.

Franziska macht große Augen und flüstert: „Ihr seid also Engel!"

„Ja, das sind wir", sagt Jojo. „Und unser Geheimnis ist jetzt auch deins."

Franziska legt schnell den Zeigefinger über die Lippen. Sie wird nichts verraten. Sechs Engel als Freunde zu haben, ist das schönste Geheimnis der Welt!

August: Eis und Sonnenblumen

An schönen Sommertagen ist es auch oben im Himmel bisweilen sehr heiß. Da würden die kleinen Engel gern mal ein Eis essen. Sie träumen von Vanille mit Schokolade. Oder Zitrone mit Stracciatella. Oder Himbeer mit Sahne. Oder Banane mit Karamell. Leider gibt es im Himmel kein Eis. Die Erzengel halten nicht viel davon. Sie glauben, kalte Sachen sind schlecht für den Magen.

„So'n Quatsch!", knurrt Paule, der mit Lilli vor dem Himmelstor sitzt und wie sie auf die Erde hinabblickt. „An heißen Tagen kann jeder Magen ein Eis vertragen!"

Lilli kichert. „Das stimmt", sagt sie. „Und es reimt sich auch noch. Gleich dreimal. Hast du gemerkt?"

„Na sicher!" Paule kichert mit. „Jeder weiß – ist es dir heiß, schmeckt dir ein Eis!"

Das reimt sich schon wieder! Ebenfalls dreimal. Die beiden kleinen Engel können gar nicht aufhören zu kichern und zu reimen.

Lilli ist genauso tüchtig wie Paule. „Ich weiß es auch – was ich jetzt brauch', ist Eis für den Bauch!"

Reimen macht wirklich Spaß – und in diesem Fall immer mehr Lust auf ein Eis.

„Hol mal das Fernglas!", sagt Lilli. „Dann können wir uns unten auf der Erde nach einer Eisdiele umgucken."

Paule geht also zu Petrus und bittet ihn um das Fernglas.

„Was hast du denn damit vor?", erkundigt sich Petrus.

Paule schwindelt wirklich nur selten. Aber manchmal geht es nicht anders.

„Auf der Erde müssten jetzt die Sonnenblumen blühen", antwortet er. „Lilli und ich, wir wollen mal gucken, wie es ihnen geht. Vielleicht warten sie ja auf Regen."

„Das Wetter ist mein Geschäft", sagt Petrus. „Könnte es sein, dass ihr zwei noch was anderes im Kopf habt? Ein Eis beispielsweise?"

Man kann Petrus tatsächlich nichts vormachen. Man kann höchstens so tun, als ob einem gerade ein Licht aufgeht.

„Eis?" fragt Paule. „Ja – jetzt, wo du es sagst! Zitrone mit Stracciatella mag ich am liebsten."

„Aha!", sagt Petrus. „Ich mag Vanille mit Schokolade noch lieber. Möglichst mit einer Kugel Banane dazu."

Wie bitte? Petrus versteht was von Eis? Und er hat sogar drei Lieblingssorten? Paule staunt. „Vanille mit Schokolade und dann noch Banane ist mir zu süß", erklärt er. „Ich finde, es gehört was Saures dazu."

Lächelnd reicht ihm Petrus das Fernglas. „Na, dann seht mal zu, dass ihr das Richtige findet!"

„Heißt das, du hast nichts dagegen?"

Petrus schüttelt den Kopf.

„Danke!", jubelt Paule. „Lilli und ich suchen uns jetzt eine Eisdiele. Aber nach den Sonnenblumen gucken wir auch."

„Ihr könntet noch ein paar neue aussäen", sagt Petrus. „Hier, nimm ein Tütchen Samenkörner mit!"

Na, das macht Paule doch gern. Er läuft mit Tütchen und Fernglas zu Lilli. Immer abwechselnd halten sie Ausschau. Bald entdecken sie unten links die Eisdiele Schmecklecker. Sehr vielversprechend! Schon fliegen sie los!

Die Eisdiele Schmecklecker liegt unter hohen Bäumen in einem schattigen Garten. Alle Tische sind besetzt. Kein Stuhl ist mehr frei. Aber man muss sich nicht hinsetzen und Eis bestellen. Man darf es auch an der Theke aussuchen, bezahlen und mitnehmen. Es gibt mehr Sorten, als Paule und Lilli an den Fingern beider Hände abzählen können.

Natürlich haben sie ihre Flügel rechtzeitig unsichtbar gemacht. Einem Eis von der Theke dürfte also nichts mehr im Wege stehen. Das heißt – wenn sie Geld hätten! Eine Kugel Eis

kostet fünfzig Cent. Ganz gleich, welche Sorte. Zwei Kugeln wären schon gut. Die kosten dann einen Euro. Und ein Euro für jeden macht zwei. Die beiden Engel haben weder fünfzig Cent noch zwei Euro. Im Himmel braucht man kein Geld.

„Vielleicht schenkt uns der Mann an der Theke ein Eis", sagt Lilli. „Wenn wir ihn nett darum bitten!"

„Wir können's ja mal probieren", meint Paule.

Aber der Mann an der Theke guckt sie verständnislos an. „Ihr wollt was umsonst?", fragt er. „Ihr spinnt wohl! Wenn ich mein Eis verschenke, muss ich diesen Laden bald zumachen."

„Wir könnten dir helfen", sagt Lilli. „Und du könntest uns was dafür geben. Also kein Geld, sondern Eis. Ich mag am liebsten Himbeer mit Sahne."

„Ich Zitrone mit Stracciatella", ergänzt Paule.

Der Mann überlegt einen Moment. Er braucht tatsächlich Hilfe. Und wenn er die nicht mit Geld, sondern nur mit zwei Eis bezahlen müsste, wäre ihm das durchaus recht.

„Also gut", sagt er. „Ihr bringt den Leuten im Garten, was sie bestellt haben. Aber Kassieren ist meine Sache! Habt ihr verstanden?"

Lilli und Paule nicken. Dann bringen sie den Leuten im Garten die Eisbecher – große und kleine, mit Schokostreuseln und Sahne, mit Obst und Krokant, mit Waffeln und Butterkeksen, mit Mandelsplittern und Zuckerperlen.

Hinten im Garten sitzt ganz allein eine alte Frau. Das ist die Mutter des Manns an der Theke. Sie gehört zum Haus. Sie hat nichts bestellt. Sie isst kein Eis, sondern trinkt heißen Tee. Sie hat sich ein warmes Tuch um die Schultern gelegt und strickt an einem Paar Wollsocken. Lilli und Paul gucken sie im Vorbeigehen neugierig an.

„Hier im Schatten ist es sehr kühl", sagt die alte Frau. „Es fällt von morgens bis abends kein einziger Sonnenstrahl in den Garten. Mich fröstelt! Mich friert!"

„Musst du den ganzen Tag hier sitzen?", fragt Lilli.

„Ich bin nicht mehr gut zu Fuß", antwortet die Frau. „Also hocke ich immer hier und sehne mich nach der Sonne."

„Wie ist es mit Sonnenblumen?", fragt Paule. „Würdest du dich darüber freuen?"

„Sonnenblumen sind wunderschön. Aber im Schatten gedeihen sie nicht."

„Vielleicht doch", sagt Paule. „Ich habe zufällig ein Tütchen mit besonderem Samen dabei."

Er bohrt mit dem Finger ein paar Löcher in die Erde und lässt die Samenkörner aus dem Tütchen hineingleiten. Lilli streicht mit flinker Hand lockere Krumen darüber. Sie lachen sich zu, denn sie wissen ja beide, was kommt.

Und wirklich! Schon zeigen sich grüne Spitzen. Die wachsen und werden zu Stängeln. Werden zu Blättern und Blüten.

Lassen viele kleine Sonnen erstrahlen.

Die alte Frau kann es kaum glauben. Auch die anderen Leute blicken staunend herüber. Der Mann an der Theke schüttelt ungläubig den Kopf.

„Jetzt kriegen wir sicher ein Eis", sagt Lilli.

„Ja, das habt ihr wirklich verdient!", ruft die alte Frau. „Ihr kriegt Eis, soviel ihr nur wollt. Das werde ich meinem Sohn sofort klarmachen!"

Sie nimmt Lilli an die rechte Hand und Paule an die linke und geht mit den beiden zur Theke.

„Himbeer und Sahne für mich!", sagt Lilli.

„Zitrone und Stracciatella für mich!", sagt Paule.

„Und zwar zwei extra große Portionen!", sagt die alte Frau.

Der Mann an der Theke nickt und teilt aus. Die Sonnenblumen gefallen auch ihm. Und natürlich sind sie gut fürs Geschäft! Als die beiden Engel alles verputzt haben, fragt er wahrhaftig, ob sie noch mehr wollen.

Lilli und Paule sehen sich an. Sie haben beide dieselbe Idee.

„Wir möchten nur noch eine Portion zum Mitnehmen!", sagt Lilli.

„Vanille und Schokolade", ergänzt Paule, „und eine Kugel Banane dazu."

„Geht in Ordnung!", nickt der Mann an der Theke. „Soll ich es einpacken?"

„Ja, unbedingt", sagen die beiden gleichzeitig. „Wir wollen das Eis jemandem mitbringen."

„Wem denn?", fragt der Mann neugierig.

Doch da sind die zwei kleinen Engel schon weg.

September: Drachenschnur und Engelshaar

Der Sommer geht langsam zu Ende. Bald kommt der Herbst. Die kleinen Engel finden diese Zeit sehr aufregend. Zwischen Sommer und Herbst, zwischen Himmel und Erde bläst jetzt ein munterer Wind. Der bringt lauter prächtige Flugdrachen mit – große, bunte, leichte Geschöpfe mit ausgebreiteten Schwingen und flatternden Schwänzen.

„Hallo, ihr da!", rufen die kleinen Engel den Drachen entgegen. „Kommt und spielt mit uns! Fliegt mit uns um die Wette!"

Die Drachen antworten nicht. Sie sind ja nur aus Papier oder aus Stoff oder aus Plastik. Sie werden vom Wind getragen und von Menschenhänden an einer Schnur gehalten. Trotzdem sind sie höchst interessant. Man kann sie anschauen, berühren und streicheln. Und auf einigen sogar reiten!

Ab und zu reißt sich so ein Flugdrache los und steigt befreit immer höher. Dann flitzen die kleinen Engel ihm nach. Flüchtige Drachen werden eingefangen und gleich links hinterm Himmelstor in eine dafür vorgesehene Kammer gesperrt. Dort geben sie endlich Ruhe.

Gerade haben die kleinen Engel einen Drachen mit feuerroten Flügeln und goldenen Augen hinter Schloss und Riegel

gebracht. Er ist ihnen bei der Jagd immer wieder entwischt und hat erst aufgegeben, als sich vier von ihnen auf seinen Rücken gesetzt haben: Kalle, Bibi, Nico und Mia.

„Er ist der schönste, dem wir jemals begegnet sind!", sagt Kalle. „Sicher wird er auf der Erde schmerzlich vermisst."

Kalle hat recht! Der Junge, dem der schönste aller Drachen gehört, ist sehr traurig. Er heißt Jakob und hat seit gestern viele, viele Tränen vergossen. Heute weint er noch immer.

„Tütü ist weg!", schluchzt Jakob. „Zu hoch hinaufgestiegen! Zu waghalsig gewesen! Wo ist mein schöner Tütü mit den roten Flügeln und den goldenen Augen?"

Jakobs Schluchzen dringt bis zu den vier Engeln hinauf. Nun wissen sie, dass der schönste aller Drachen einen Namen hat. Und sie wissen auch, wem er gehört.

„Tütü gehört in den Wind und zu Jakob!", sagt Kalle. „Wir müssen ihn dem Jungen zurückbringen."

Bibi, Nico und Mia finden das auch. Also machen sie sich auf den Weg zum Erzengel Michael, der gerade in seinem Garten die Herbstastern gießt, und erzählen ihm alles.

„Dieser Jakob hätte besser auf seinen Drachen aufpassen sollen", meint Michael. „Er hätte ihn fester an die Leine nehmen sollen."

„Ein Drache ist doch kein Hund!", sagt Bibi. „Und der Wind war viel stärker als Jakob."

„Jaja, der Wind!", seufzt Michael. „Er richtet um diese Zeit überall Schaden an, manchmal auch hier im Garten. Also, wenn der Junge so traurig ist, dann bringt ihm seinen Drachen in Gottes Namen zurück!"

Das lassen sich die kleinen Engel nicht zweimal sagen. Sie laufen gleich zur Kammer neben dem Himmelstor und holen Tütü heraus. Damit er nicht wieder auskneift, halten sie ihn alle vier fest. Dann fliegen sie los.

Sie landen nicht weit von der großen Wiese, wo die Kinder ihre Flugdrachen steigen lassen. Ein paar Papas und Mamas machen auch mit. Alle sind mit Eifer und Ernst bei der Sache. Alle rennen und rufen, geben Kommandos und gute Ratschläge, schimpfen, wenn ein Drache zu Boden taumelt, und jubeln, sobald einer dem Himmel entgegensteigt.

Kalle, Bibi, Nico und Mia schauen dem Treiben eine Weile unbemerkt zu. Sie fühlen, wie Tütü in ihren Händen zittert und zuckt. Sie wissen, dass er gern losfliegen möchte. Aber das lassen sie nicht zu. Sie halten den Drachen gut fest. Schließlich wollen sie ihn Jakob zurückbringen.

Leider ist Jakob nicht auf der Wiese. Was soll er da auch ohne Tütü? Er sitzt wohl zu Hause und weint. Die kleinen Engel spitzen die Ohren. Vergeblich. Jakob hat nämlich aufgehört zu schluchzen. Er hockt ganz leergeweint in seinem Zimmer. Wie sollen ihn die kleinen Engel da finden?

Kalle, Bibi, Nico und Mia lassen ihre Flügel verschwinden und befragen die Leute. Irgendjemand muss Jakob doch kennen! Irgendjemand muss Tütü doch schon mal gesehen haben! Irgendjemand muss doch wissen, dass Jakob und Tütü zusammengehören!

Alle Kinder und auch die Eltern gucken sich den Drachen aufmerksam an. Und wirklich, einige kennen ihn!

„Das ist Tütü!", stellt ein Junge fest.

„Er gehört Jakob!", erklärt ein Mädchen.

„Gestern Abend hat er sich losgerissen!", berichtet ein Papa.

„Jakob ist ganz traurig nach Hause gegangen", erzählt eine Mama.

„Wo wohnt er denn?", fragt Kalle.

Da rufen alle: „In der Straße gleich gegenüber der Wiese. In dem gelben Haus mit den grünen Fensterläden."

Kalle, Bibi, Nico und Mia falten den Drachen zusammen und flitzen los. Sie haben die Straße schnell gefunden. Das letzte Haus auf der rechten Seite ist gelb und hat grüne Fensterläden. Da wohnt Jakob. Also klingeln sie dort.

Jakobs Mama macht auf. Sie lächelt, als sie die vier kleinen Engel sieht. Sie staunt, als sie den Drachen erkennt. Sie sagt: „Kommt schnell rein! Da wird mein Junge sich freuen!"
Ach, freuen ist gar kein Ausdruck! Jakob kann es überhaupt nicht fassen, dass Tütü zurück ist. Glücklich faltet er ihn auseinander und streichelt die feuerroten Schwingen. Am liebsten möchte er gleich wieder mit ihm auf die Wiese. Aber das ist zu gefährlich. Der Drache hängt nämlich nur noch an einem zerschlissenen, viel zu kurzen Stück Schnur.
„Tütü braucht eine neue Leine", stellt Nico fest. „Sehr lang und sehr fest, damit er nicht wieder ausreißt!"
Jakob hebt die Schultern. „Und wo soll ich die hernehmen?"

„Besorg uns mal eine Schere!", verlangt Nico. „Den Rest erledigen wir."

Die anderen drei nicken. Sie wissen, was Nico plant. Jakob hat keine Ahnung. Trotzdem vertraut er den Engeln, auch wenn er ihre Flügel nicht sieht. Er holt sofort eine Schere.

Danach geschieht ein Wunder. Nico, Bibi, Kalle und Mia schneiden sich jeder eine Haarsträhne ab und flechten daraus eine Schnur. Die wächst und wächst, wird länger und länger, nimmt einfach kein Ende. Ja, mit Engelshaar lässt sich viel machen!

Jakob stellt keine Fragen, sondern wartet mit klopfendem Herzen, bis die Schnur die richtige Länge hat. Dann befestigt er das eine Ende an Tütü und wickelt den Rest um den Stiel eines hölzernen Kochlöffels. Beides mit größter Sorgfalt.

So, fertig. Und jetzt? Na, jetzt geht es natürlich hinaus auf die Wiese! Hinaus in den Wind! Tütü ist kaum noch zu halten. Er zittert und zuckt. Er breitet die Flügel aus und schlägt mit dem Schwanz. Er richtet sich auf und zerrt an der Schnur.

„Lauf, Jakob, lauf!", rufen die kleinen Engel. „Aber lass ihn nicht los!"

Jakob rennt über die Wiese. Die Schnur hält er fest in der Hand. Tütü steigt schräg in die Luft. Doch plötzlich gerät er ins Trudeln. Er taumelt und stürzt. Dann liegt er platt auf dem Boden.

Nicht traurig sein, Jakob! Die vier kleinen Engel sind schon
zur Stelle und heben den Drachen auf. Ihre Hände halten ihn.
Ihre Arme tragen ihn. Ihre Füße verlassen den Boden. Ihre
Flügel vertrauen dem Wind.

Wieder rennt Jakob über die Wiese. Und diesmal klappt es!
Tütü steigt höher und höher. Er steigt jetzt aus eigener Kraft.
Kalle lässt ihn zuerst los. Dann Bibi. Dann Nico. Dann Mia.
Der Drache braucht sie nicht mehr.

„Danke!", ruft Jakob von unten. Mit der einen Hand winkt er,
mit der anderen hält er die Schnur.

Alle Leute auf der Wiese blicken staunend zum Himmel.
Der feuerrote Drache schwebt stolz und ruhig zwischen
den Wolken. Die vier kleinen Engel fliegen wie weiße Vögel
davon.

Oktober: Hexen, Zauberer und Co.

Morgen ist Erntedankfest. Die kleinen Engel freuen sich sehr darauf. Die großen Engel natürlich auch. Die Erzengel sowieso. Und Michael am allermeisten! Er hat nämlich in seinem Garten eine Menge geerntet: dicke, rotbackige Äpfel und süße, dunkelblaue Pflaumen, saftige Tomaten und knackige Möhren, stramme Kohlköpfe und prächtige Kartoffeln.

Besonders gut ist in diesem Jahr die Kürbisernte ausgefallen. Der Erzengel Michael hat letzte Woche eine Menge Körbe damit gefüllt und in die Himmelsküche geschleppt. Mit Kürbissen lässt sich viel anfangen! Nach dem Aushöhlen kann man aus ihnen tolle Laternen machen. Und das Fruchtfleisch ergibt eine nahrhafte Suppe.

„Kürbissuppe ist sehr lecker", behauptet Michael immer wieder. „Obendrein ist sie unglaublich gesund. Wir essen sie morgen als Vorspeise."

„Oh, wunderbar!", sagen die kleinen Engel artig.

Sie mögen Kürbissuppe tatsächlich ganz gern. Aber ehrlich gesagt sind sie auch froh, dass es danach noch etwas anderes gibt. Nämlich frisch gebackenes Brot, Gemüseauflauf, gefüllte Tomaten, Pflaumenkompott und Apfelkuchen. Von den Hähnchen am Spieß gar nicht zu reden!

Wer nicht in der Küche beschäftigt ist, bastelt Laternen. Mit

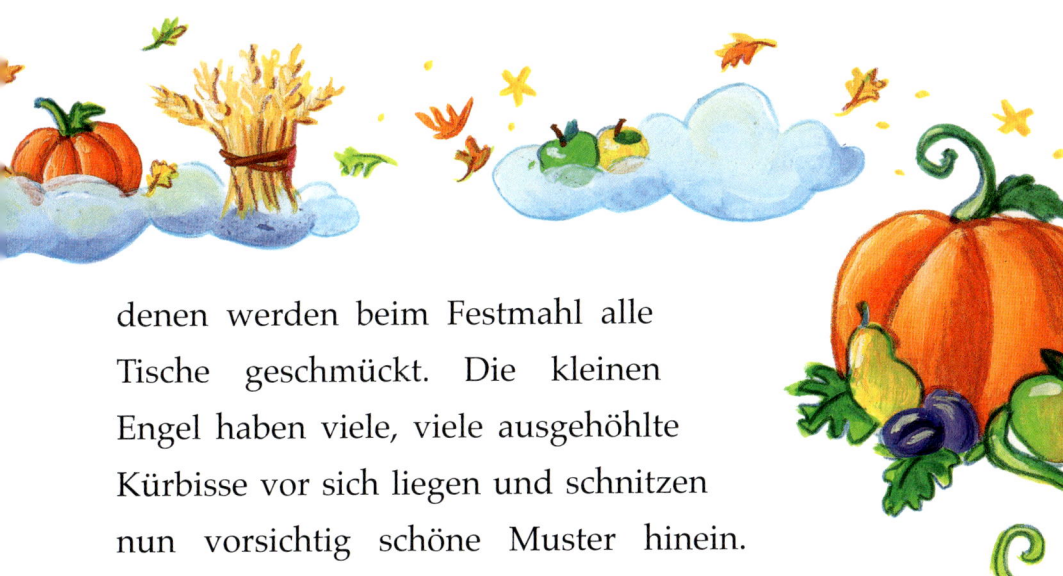

denen werden beim Festmahl alle
Tische geschmückt. Die kleinen
Engel haben viele, viele ausgehöhlte
Kürbisse vor sich liegen und schnitzen
nun vorsichtig schöne Muster hinein.
Sonne, Mond und Sterne zum Beispiel. Oder
Blumen, Herzen und kleine Tiere. Wenn drinnen erst
eine Kerze brennt, wird das alles ganz wunderbar leuchten.
„Übrigens höhlen die Menschen unten auf der Erde auch
Kürbisse aus", sagt Mats.
„Wegen der Suppe?", fragt Lilli.
Mats zuckt die Achseln. „Keine Ahnung! Jedenfalls machen
sie Laternen daraus, genau wie wir."
„Dann feiern sie also auch Erntedankfest?"
„Ja, schon. Aber die Kürbislaternen brauchen sie für einen
anderen Tag. Den nennen sie Halloween."
Was Mats alles weiß! Die anderen kleinen Engel schütteln
verwundert die Köpfe. – Halloween? Komisches Wort!
„Und was bedeutet das?", fragt Nico.
„Auf alle Fälle etwas Gruseliges", antwortet Mats. „Ich war
letztes Jahr an Halloween unten und habe abends auf den
Straßen lauter Hexen und Gespenster gesehen."

„Es gibt doch gar keine Hexen und Gespenster!"

Mats lacht. „Es waren ja auch bloß verkleidete Menschen."

„Kinder auch?", wollen die anderen wissen.

„Ja, klar, Kinder erst recht."

„Und warum?"

„Nur so zum Spaß. Sie gehen in ihren Kostümen von Haus zu Haus und kriegen überall Süßigkeiten, damit sie schnell weiterziehen."

Na, das klingt doch sehr interessant! Aber sagt Mats wirklich die Wahrheit? Seine Freunde sehen ihn zweifelnd an.

Er redet schon weiter. „Auch die Laternen sehen gruselig aus. Nämlich wie Köpfe! Jeder Kürbis hat Augen, Nase und Mund – der eine mit Zähnen, der andere ohne."

„Und was machen die Leute mit diesen Köpfen?", fragt Jule.

„Das Gleiche wie wir", antwortet Mats. „Sie stecken Kerzen hinein. Dann leuchten und lachen die Gesichtern im Dunkeln."

„Gute Idee!", sagt Sascha bewundernd „Ich würde mir diese Laternen gern mal aus der Nähe angucken!"

„Wir können für uns doch auch welche machen", meint Beppo.

„Von Sonne, Mond und Sternen haben wir mehr als genug."

„Von Blumen und Herzen auch", sagt Nico. „Und die Tiere sind furchtbar schwierig."

Die kleinen Engel machen sich also gleich an die Arbeit. Von jetzt an kriegt jeder Kürbis Augen, Nase und Mund – der eine mit Zähnen, der andere ohne. Alle finden die neuen Laternen ganz toll.

Leider ist der Erzengel Gabriel anderer Meinung. „So etwas passt nicht zu uns und zum Erntedankfest", sagt er. „Diese schrecklichen Köpfe kommen mir nicht auf den Tisch!"

Die kleinen Engel sind sehr enttäuscht. Sie haben sich doch solche Mühe gegeben. Und jetzt war alle Arbeit vergeblich.

„Ich weiß, ihr habt es nicht böse gemeint", lenkt Gabriel ein. „Meinetwegen müssen wir die Laternen nicht gleich wegwerfen. Vielleicht könnt ihr unten auf der Erde jemanden damit glücklich machen."

„Ja, zu Halloween!", jubeln die kleinen Engel. „Mats hat uns davon erzählt."

„Bis Halloween dauert es noch", sagt Gabriel. „Auf alle Fälle wird morgen erst mal Erntedankfest gefeiert. Die Kürbisköpfe schließe ich so lange weg."

Na gut. Da kann man nichts machen. Die kleinen Engel bedauern zwar, dass die schönen neuen Laternen eine nach der anderen in einem Schrank verschwinden. Aber aufgeschoben ist ja nicht aufgehoben. Und das große, fröhliche, kein bisschen gruselige Erntedankfest macht ihnen auch Spaß – so viel, dass sie Halloween eine Weile darüber vergessen. Erst am nächsten Tag erinnern sie sich wieder daran.

„Wann ist Halloween?", tuscheln sie Mats zu. „Heute? Morgen? Oder erst nächste Woche? Los, sag schon!"

Mats zuckt die Achseln. „So genau weiß ich das auch nicht. Ich glaube, es dauert noch."

Und da hat er recht. Es dauert noch viele Tage, bis der Erzengel Gabriel eines Abends sagt: „Von mir aus könnt ihr die Kürbisköpfe jetzt aus dem Schrank holen. Sie nehmen schrecklich viel Platz weg."

„Dürfen wir damit auf die Erde?", fragen die kleinen Engel. „Ist heute Halloween?"

Als Gabriel lächelt und nickt und den Schrank aufschließt, schnappt sich jeder sofort einen der Kürbisköpfe und rennt damit Richtung Himmelstor.

„Vergesst Kerzen und Streichhölzer nicht!", ruft Gabriel. „Aber seid vorsichtig und stellt keinen Unfug an! Die Laternen

könnt ihr auf der Erde lassen. Ich will hier oben keine von ihnen wiedersehen!"

„Ja! In Ordung! Das machen wir!", rufen die kleinen Engel zurück. Und schon sind sie weg.

Unten auf der Erde sind bereits eine Menge Leute unterwegs. Die meisten verkleidet und geschminkt. Viele mit Masken oder Perücken. Einer sieht noch gruseliger aus als der andere. Hexen schwingen ihre Besen. Gespenster wehen mit ihren Kleidern. Namenlose Gruselgeister ziehen sich ihre dunklen Kapuzen tief ins Gesicht.

Die kleinen Engel können sich gar nicht sattsehen. Sie gucken und staunen und vergessen dabei sogar, ihre Flügel zu verstecken. Das macht aber nichts. Sie werden nämlich überall für verkleidete Kinder gehalten. Auch wenn die Flügel auf ihrem Rücken kein bisschen gruselig wirken, so sehen die leuchtenden Kürbisköpfe, die sie unter dem Arm tragen, ganz schön unheimlich aus.

Die Zeit vergeht wie im Flug. Die kleinen Engel ziehen die Straßen entlang und haben viel Spaß. Sie freuen sich, wenn sie bewundert werden, und sind sehr stolz auf ihre selbstgemachten Laternen.

Doch irgendwann wird es leer und still zwischen den Häusern. Alle Hexen und Gespenster, alle namenlosen Gruselgeister verschwinden in der Dunkelheit. Nur die kleinen Engel sind

noch da. Auf einmal merken sie, dass sie sehr müde sind. Und ziemlich kalt ist ihnen auch. Sie wollen so schnell wie möglich nach Hause.

„Die Laternen müssen wir hier lassen", sagt Mats. „Sonst kriegen wir Ärger!"

Schade um die schönen Kürbisköpfe! Ist denn niemand da, dem man sie schenken kann? Nein, alle sind weg. Aber mitten auf dem verlassenen Marktplatz steht eine sehr alte, sehr große, schon winterlich blattlose Linde.

„Seht ihr den Baum da?", fragt Jule. „Der hätte Platz für alle Laternen."

„Gute Idee!", nickt Beppo. „Kommt, wir stecken noch mal neue Kerzen hinein!"

Die anderen sind einverstanden. Es macht ihnen überhaupt keine Mühe, die leuchtenden Kürbisköpfe auf den vielen Zweigen zu verteilen. Wenn man fliegen kann, geht das ganz leicht.

Der fertige Laternenbaum sieht wunderschön aus. Das finden alle Leute, die inzwischen am Fenster stehen und auf den Markplatz gucken. Das finden auch die kleinen Engel, ehe sie losfliegen. Auf halber Strecke schauen sie noch einmal zurück. Die Kürbisköpfe haben jetzt keine Gesichter mehr. Sie leuchten nur noch. Aus dieser Entfernung würden sie selbst dem Erzengel Gabriel gefallen.

November: Sankt Martin

Oben im Himmel wird heute der Namenstag von Sankt Martin gefeiert. Wie jedes Jahr gibt es ein großes Fest. In sämtlichen Räumen leuchten goldene Lichter und bunte Laternen. Überall hört man Musik und Gesang. Die Tische im Speisesaal sind prächtig geschmückt. Sie warten auf die knusprigen Gänse, die noch im Herd vor sich hinbrutzeln. Und auf die Weihnachtsplätzchen, die zum Nachtisch serviert werden. Nur zum Probieren natürlich. Für jeden nicht mehr als drei.

Sankt Martin genießt den Tag. Er sitzt in seinem goldenen, weich gepolsterten Sessel und lauscht den Liedern der kleinen Engel. Natürlich kennt er sie alle. Trotzdem hört er sie immer wieder gern. *Sankt Martin ritt durch Schnee und Wind* ist sein Lieblingslied. Er singt es ganz leise mit.

Ab und zu steht er auf und geht, von kleinen und großen Engeln begleitet, zum Himmelstor. Er öffnet es einen Spalt und schaut mit dem Fernglas auf die Erde hinunter. Auch dort wird ja heute sein Namenstag gefeiert.

Viele, viele Kinder wandern mit bunten Laternen durch die Straßen – an der Spitze jedes Zuges ein Pferd und ein Reiter. Ein Pferd und Sankt Martin. Nicht der echte Sankt Martin natürlich! Der Reiter, der so einen Laternenzug anführt, ist

ein ganz normaler Mann. Er hat sich für diesen Abend nur als Sankt Martin verkleidet.

Die Musikkapelle spielt sehr laut und sehr schön. „Ich geh' mit meiner Laterne und meine Laterne mit mir", singen die Kinder und folgen dem Pferd, das gehorsam im Schritt geht, folgen dem Reiter, der die Zügel fest in der Hand hält. „Da oben leuchten die Sterne, hier unten leuchten wir ..."

Alle, die oben am Himmelstor stehen, freuen sich über das, was sie unten auf der Erde sehen und hören. Doch plötzlich ist es mit dieser Freude vorbei. Sankt Martin hat als Erster bemerkt, dass da etwas nicht stimmt.

„Das braune Pferd auf dem Platz vor der Kirche macht nicht, was es soll", sagt er. „Es ist ziemlich aufgeregt."

Ja, da hat er wohl recht. Das braune Pferd will nicht weiter. Es tänzelt nervös hin und her. Sein Reiter klopft ihm den Hals und spricht ihm gut zu. Aber das nützt nichts. Das Pferd schüttelt den Kopf und macht ein paar Schritte rückwärts. Die Musik bricht ab. Der ganze Zug gerät durcheinander.

„So ein blödes Pferd!", ruft Kalle empört. „Warum macht es denn so was?"

„Es hat Angst!", sagt Sankt Martin. „Wahrscheinlich ist es zum ersten Mal mit dabei. Es fürchtet sich vor der Musik, vor den Kindern, vor den Laternen, vor den vielen Leuten am Straßenrand und überhaupt vor allem, was es nicht kennt."

„Guck bloß, was es jetzt macht!", ruft Andi. „Der Reiter kann einem leidtun!"

Tatsächlich, das braune Pferd steigt und buckelt, wirft den Kopf in den Nacken und schlägt aus. Der Mann auf seinem Rücken rutscht bedenklich hin und her.

Die kleinen Engel oben am Himmelstor sind kaum noch zu halten. „Sollen wir runterfliegen?", fragt Mia. „Vielleicht können wir das Pferd ja beruhigen!"

„Nehmt ihm eine Möhre mit!", schlägt der Erzengel Michael vor. „Oder besser noch einen Apfel."

Gabriel meint, dass es ihm auf ein paar Stücke Zucker nicht ankommen würde, und Rafael überlegt, ob man dem aufgeregten Tier vielleicht ein Schlaflied singen sollte.

Aber Sankt Martin schüttelt den Kopf. „Das Pferd braucht keine Möhre, keinen Apfel und keinen Zucker", sagt er. „Und ein Schlaflied braucht es erst recht nicht."

„Was kann man denn sonst tun?", rufen die kleinen Engel.

Sankt Martin denkt nach. Dabei lässt er sich Zeit.

Nina zupft ihn ungeduldig am Ärmel. „Los, sag schon! Du kennst dich doch aus mit Pferden. Du warst doch selbst mal ein Reiter."

Sankt Martin lächelt. „Ja, das war ich – in meiner Soldatenzeit sogar ein recht guter."

Jojo zeigt mit dem Finger nach unten. „Dann lass dir mal schnell was einfallen!"

Auf dem Platz vor der Kirche hat das Pferd seinen Reiter abgeworfen! Der rappelt sich gerade mühsam wieder auf. Doch in den Sattel will er anscheinend nicht mehr.

„Mir scheint, jetzt werde ich wirklich gebraucht", sagt Sankt Martin.

„Das wirst du!", jubeln die kleinen Engel. „Du musst aufs Pferd! Du musst die Zügel nehmen! Du musst vor den Kindern herreiten!"

„Und wie soll ich auf die Erde kommen?", fragt Sankt Martin.

„Wir tragen dich!", rufen die kleinen Engel. „Wenn wir alle mit anfassen, schaffen wir es."

Also gut. Sankt Martin ist einverstanden. Der Erzengel Gabriel holt schnell die Sachen, die er zum Glück für ihn aufgehoben hat – den Mantel, den Helm und das Schwert. Alle finden, dass der Heilige ganz wunderbar darin aussieht.

„Dann mal los!", sagt Sankt Martin. „Die sechs Stärksten von euch sollen mich tragen. Die anderen können uns meinetwegen begleiten. Am besten mit ein paar bunten Laternen."

Das ist doch ein prima Vorschlag! Die stärksten Engel und die schönsten Laternen sind schnell gefunden. Schon macht sich der Trupp auf den Weg.

„Seht zu, dass ihr rechtzeitig wieder da seid!", ruft ihnen der Erzengel Gabriel nach. „Gänsebraten essen wir schließlich nicht alle Tage."

„Ich werde mir Mühe geben!", ruft Sankt Martin zurück. „Hoffentlich geht alles gut! Hoffentlich habe ich nichts verlernt!"

Aber da macht er sich unnötige Sorgen. Die Landung hinter der Kirche klappt ohne Problem. Und als Sankt Martin – der echte Sankt Martin! – mit Mantel, Helm und Schwert vor der Kirche erscheint, legt sich auf dem Platz sogleich alle Aufregung. Die Kinder freuen sich und neigen ihre Laternen den Laternen der kleinen Engel entgegen. Jeder staunt. Doch keiner stellt Fragen. Sankt Martin geht durch die Menge. Das braune Pferd steht ganz still. Dann senkt es den Kopf und scharrt mit dem rechten Vorderhuf.

Der Mann, den es eben abgeworfen hat, will den Heiligen zurückhalten. „Sei vorsichtig!", keucht er. „Dieser Teufelsgaul ist mehr als gefährlich."

Sankt Martin schiebt ihn gelassen beiseite und streckt dem Pferd die flache Hand entgegen. „Grüß dich, mein Freund!", sagt er freundlich. „Du bist ein braves Tier. Du musst vor nichts und niemandem Angst haben."

Alle halten den Atem an, als seine Hand die schnuppernden Nüstern berührt, als sie über die Stirn zu den Ohren wandert und schließlich den glatten Hals klopft.

„Na, siehst du!", sagt Sankt Martin und schwingt sich schnell in den Sattel. „Du und ich – wir gehören zusammen. Nun ziehen wir los. Wir zwei vorneweg, alle anderen hinter uns her."

Mit leisem Schnauben setzt sich das Pferd in Bewegung, geht ruhig im Schritt und gehorcht der Hand seines Reiters. Die Laternen ordnen sich zum Zug. Die Musikkapelle beginnt zu spielen. Die Kinder und die kleinen Engel singen das Lied von Sankt Martin.

Auf dem freien Feld am Ende der Straße brennt schon das Martinsfeuer. Dort tut der Reiter, was die Leute sehen wollen. Er hält an und steigt ab. Er teilt mit dem Schwert seinen Mantel und gibt die eine Hälfte dem frierenden Mann, der unter einem kahlen Baum auf ihn wartet.

Alle jubeln ihm zu. Keiner ahnt, dass er der echte Sankt Martin ist. Keiner weiß, dass er heute im Himmel seinen Namenstag feiert. Keiner vermutet, dass seine kleinen Begleiter leibhaftige Engel sind.

Als das Feuer erlischt, ist Sankt Martin plötzlich verschwunden. Seine kleinen Begleiter genauso. Die zwei letzten haben noch rasch eine Plastiktüte mit frischen Pferdeäpfeln gefüllt. Im Himmel und auf der Erde gibt es für Rosenbeete nun mal keinen besseren Dünger. Der Erzengel Michael wird sich bestimmt über das nützliche Mitbringsel freuen!

Dezember: Weihnachtsfreuden

Weihnachten steht vor der Tür. Die kleinen Engel haben jetzt eine Menge zu tun. Sie backen Plätzchen, basteln Christbaumschmuck, sortieren Wunschzettel, schneiden Papier, messen Schleifenband ab, verpacken Spielsachen und stapeln Pakete. Jeden Abend berichten sie dem Christkind, was sie geschafft haben.

„Das macht ihr ganz toll", sagt das Christkind. „Ich wüsste gar nicht, was wir ohne euch anfangen sollten."

„Ja, bis jetzt sieht es tatsächlich recht gut aus", sagt Petrus, der dieses Lob gehört hat. „Hoffentlich bleibt das auch so."

„Warum denn nicht?", fragt das Christkind. „Ich bin sicher, wir können uns auf unsere kleinen Engel verlassen."

„Hmmm", brummt Petrus, „ein paar kommen hin und wieder auch auf ziemlich dumme Gedanken."

Na ja, das ist schließlich kein Wunder. Wenn man wochenlang jeden Tag von früh bis spät sehr, sehr fleißig war, dann kommt man eben schon mal auf dumme Gedanken. Zum Beispiel auf die Idee, aus einem Wunschzettel einen Papierflieger zu falten. Und aus vielen Wunschzetteln viele Papierflieger. Beppo ist gerade auf einen Tisch geklettert und platzt fast vor

Stolz. „Meiner ist am allerhöchsten geflogen!", ruft er. „Und am allerschnellsten! Und am allerweitesten auch!"

Das lassen sich die anderen natürlich nicht bieten. Sie klettern ihm nach und lassen ihre Papierflieger wie er durch die Luft flitzen – Papierflieger, die eigentlich Wunschzettel sind! Erst als der Erzengel Gabriel kommt, um mal kurz nach dem Rechten zu sehen, fällt ihnen das wieder ein.

„Was ist denn hier los?", fragt Gabriel und fängt einen der Flitzer geschickt mit der Hand. Er faltet ihn auseinander und weiß sofort, um was es sich handelt. „Das darf doch nicht wahr sein!", sagt er. „Wie seid ihr denn bloß auf die Idee gekommen, aus Wunschzetteln Papierflieger zu machen?"

Tja, daran können sich die kleinen Engel plötzlich gar nicht mehr so genau erinnern.

„Schämt euch!", sagt der Erzengel Gabriel. „Wunschzettel sind nicht zum Spielen da. Ihr sammelt sofort alle wieder ein. Und passt bloß auf, dass keiner verloren geht!"

„Tut uns leid", murmeln die kleinen Engel beschämt und machen sich schnell an die Arbeit. Aber sie brauchen bestimmt eine Stunde, bis sie alle Papierflieger gefunden, glattgestrichen und sorgfältig zusammengelegt haben.

Wirklich alle? – Nein, leider nicht! Einer ist unbemerkt in einer leeren Vase gelandet. Da guckt niemand hinein. Und so bleibt er denn auch bis zum Heiligen Abend dort liegen.

Erst als der Erzengel Michael ein paar Tannenzweige in die Vase stecken will, entdeckt er das zusammengefaltete Papier und angelt es kopfschüttelnd heraus. Er ahnt gleich nichts Gutes. Und als er sieht, dass es sich bei seinem Fund um einen Wunschzettel handelt, wird ihm ganz schlecht. Für einen Wunschzettel ist es jetzt natürlich zu spät. Das Christkind ist ja längst unterwegs.

Und was nun?

Michael liest noch einmal, was die kleine Anja vor vier Wochen mit Hilfe ihrer Mama auf den Wunschzettel geschrieben hat: Ich wünsche mir ein schönes Kuscheltier, weich und warm und mit großen, glänzenden Augen.

Das Kind träumt bestimmt von einem Teddybär!, denkt der Erzengel. Vielleicht auch von einem Hasen. Oder von einem

Äffchen. Aber er ist sicher, dass es so etwas im Himmel nicht mehr gibt. Alle Kuscheltiere sind auf dem Weg zur Erde. Deshalb wird der Wunsch der kleinen Anja nicht in Erfüllung gehen.

Wirklich nicht? Nein, das kann der Erzengel Michael nicht zulassen! Er muss noch mal nachdenken. Am besten in seinem Garten. Sofort dreht er dort ein paar Runden – und hat schnell eine gute Idee: Er weiß, dass Kuscheltiere nicht nur im Himmel, sondern auch auf der Erde gemacht werden. Er kennt sogar eine Fabrik, die in den letzten Wochen Tausende solcher Tiere hergestellt hat. Vielleicht ist dort aus irgendeinem Grund eins liegen geblieben. Auf alle Fälle sollte unbedingt mal jemand nachgucken! Am besten ein kleiner Engel. Oder auch zwei.

Der Erzengel Michael denkt gleich an Beppo und Lilli. Die sind fix und schlau und selbst an unbekannten Orten nicht ängstlich. Sie eignen sich also vortrefflich.

„Klar! Kein Problem!", sagen die beiden Engel, als er ihnen alles erklärt hat. „Wir sorgen dafür, dass die kleine Anja ihr Kuscheltier kriegt – so wahr heute Heiliger Abend ist!"

„Bald läuten die Glocken", mahnt der Erzengel Michael. „Also beeilt euch ein bisschen!"

Beppo und Lilli flitzen gleich los. So schnell wie diesmal sind sie noch nie auf der Erde gewesen. Auch die Fabrik haben sie im Handumdrehen gefunden. Hinter allen Fenstern ist es dunkel und still. Am Eingang sitzt nur der Nachtwächter. Aber der beschäftigt sich zum Glück gerade mit seinem Abendbrot und merkt nicht, wie die kleinen Engel vorbeischleichen.

Nun stehen Beppo und Lilli zwischen Tischen und Nähmaschinen in einem großen Raum. Ja, hier sind sie richtig. Hier müssen sie suchen. Hier werden ohne Zweifel die Kuscheltiere gemacht. Mit den Kerzen, die sie zum Glück in der Tasche haben, leuchten die kleinen Engel überall herum. Aber sie finden nicht ein einziges Tier! Nur übrig gebliebene Kleinigkeiten, mit denen offenbar keiner mehr etwas anfangen konnte – hier ein Stück Plüsch, da zwei lange Ohren, dort ein Häufchen Schaumstoff, neben der Tür einen Ringelschwanz und auf der Fensterbank ein paar hellblaue Glasknöpfe. Ganz zum Schluss entdecken sie in der hintersten Ecke auch noch eine Art Rüssel. Enttäuscht legen sie das ganze Zeug auf einen Tisch.

„Nichts als Abfall!", schimpft Beppo. „Der Erzengel Michael wird sehr enttäuscht sein."

„Die kleine Anja auch!", seufzt Lilli. „Zuerst wird sie warten, und dann wird sie weinen."

„Und alles bloß wegen unserer blöden Idee mit den Papierfliegern", knurrt Beppo. „Ich will nicht, dass Anja weint."

„Ich auch nicht", ruft Lilli. „Aber was sollen wir machen?"

Einen Augenblick sind sie ratlos. Doch wenn kleine Engel einem Menschenkind helfen wollen, fällt ihnen zum Glück immer bald etwas ein.

„Ich weiß was!", sagt Beppo.

„Ich auch!", sagt Lilli.

Sie strahlen sich an. Denn vor ihnen auf dem Tisch liegt alles, was sie brauchen, um Anjas Weihnachtswunsch doch noch zu erfüllen. Es fehlen nur Nadel, Faden und eine Schere.

Die drei Sachen sind schnell gefunden. Jetzt müssen die beiden kleinen Engel sich sputen. Draußen läuten die Glocken bereits den Heiligen Abend ein.

Beppo und Lilli hantieren mit Plüsch und mit Schaumstoff. Sie schneiden und nähen. Sie stopfen und sticken. Unter ihren geschickten Händen entsteht das schönste Kuscheltier, das man sich vorstellen kann. Weich und warm. Mit großen, glänzenden Augen aus hellblauen Glasknöpfen. Mit zwei langen Ohren, einem lustigen Ringelschwanz und einem prächtigen Rüssel.

So, nun schnell raus aus der Fabrik!

Die kleinen Engel erwischen das Christkind gerade in dem Moment, als es vor dem Haus der kleinen Anja steht und feststellt, dass nicht ein einziges Päckchen mehr da ist.

„Keine Sorge, liebes Christkind!", ruft Beppo. „Wir haben das richtige Geschenk!"

„Die kleine Anja wartet bestimmt schon darauf!", ruft Lilli. „So etwas hat sie sich nämlich gewünscht."

„Dann bringt es ihr schnell ins Haus!", sagt das Christkind.

Die kleine Anja hält vor Glück den Atem an, als die beiden kleinen Engel ins Zimmer huschen und ihr das wunderbare, ganz und gar einmalige Weihnachtsgeschenk in den Schoß legen.

„O danke!", sagt sie. „Es ist genau das Kuscheltier, das ich mir gewünscht habe – nur noch viel, viel schöner!"

Beppo und Lilli sind sehr zufrieden. Sie würden gern noch ein Weilchen bleiben. Aber draußen wartet das Christkind.

Hört nur, es ruft schon! Es will jetzt mit allen Engeln zurück in den Himmel. Dort wird schließlich ebenfalls Weihnachten gefeiert. Am Tannenbaum brennen bereits alle Kerzen.

© Verlag Herder GmbH, Freiburg im Breisgau 2009
Alle Rechte vorbehalten
www.herder.de

Gesamtgestaltung: Uwe Stohrer Werbung
Herstellung: fgb · freiburger graphische betriebe
Printed in Germany
ISBN 978-3-451-70919-7